Parallelogramme

1. Welche Figuren sind Parallelogramme ?

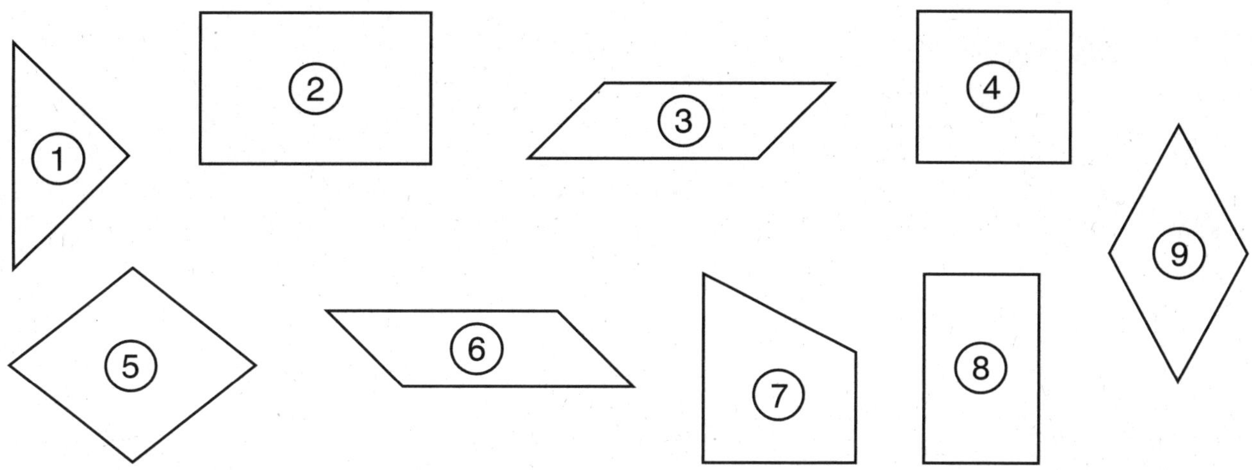

Die Figuren ________________ sind Parallelogramme, weil die gegenüberliegenden Seiten zueinander ________________________ und ________________________ sind.

2. Vervollständige die Parallelogramme.

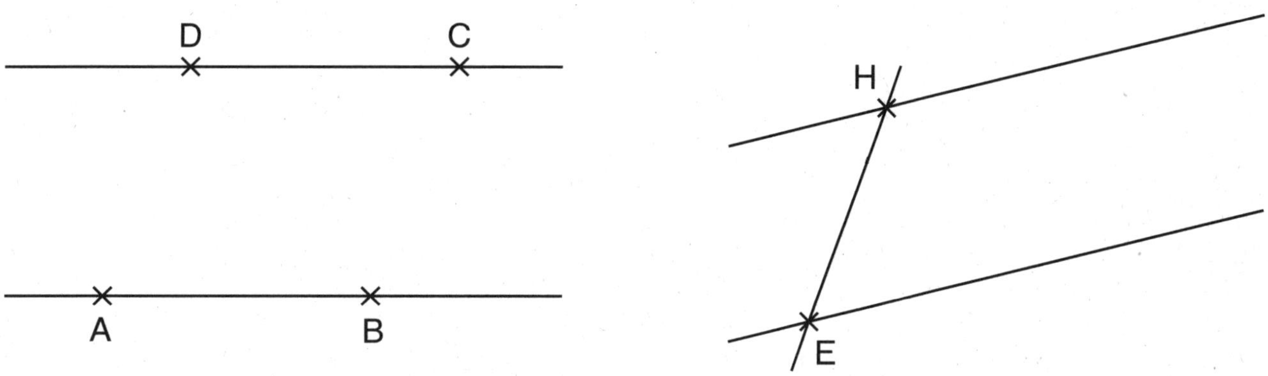

3. Zeichne Parallelogramme.

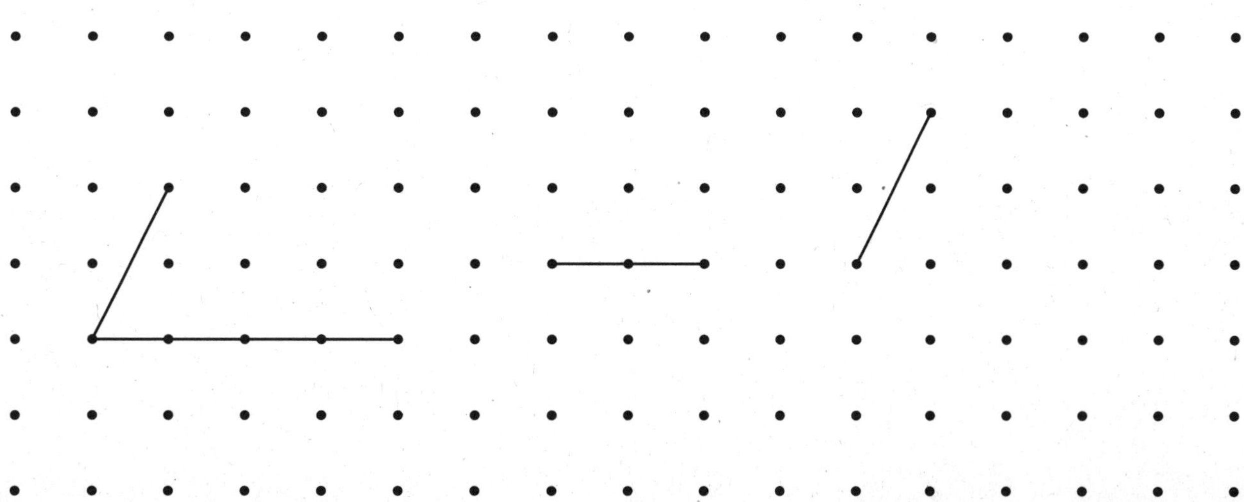

Parallelogramme

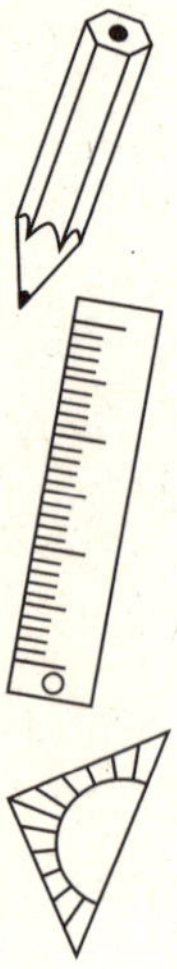

1. Zeichne Parallelogramme mit Lineal und Geo-Dreieck.

Überlege:

Skizze:

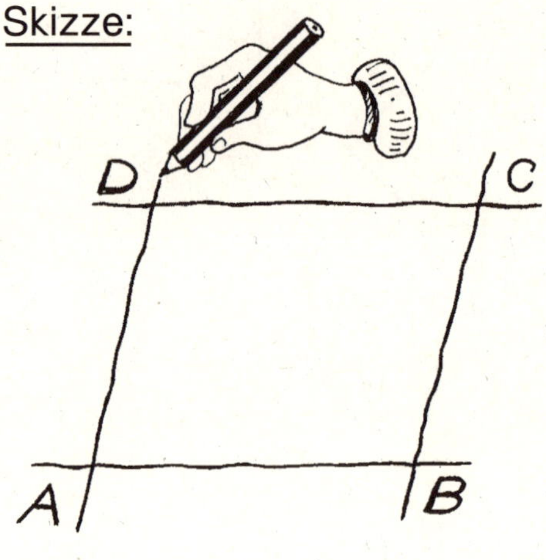

Zeichne:

2. Zeichne Parallelogramme. Überlege und skizziere vorher.

Kreise

Das musst du vom Kreis kennen:

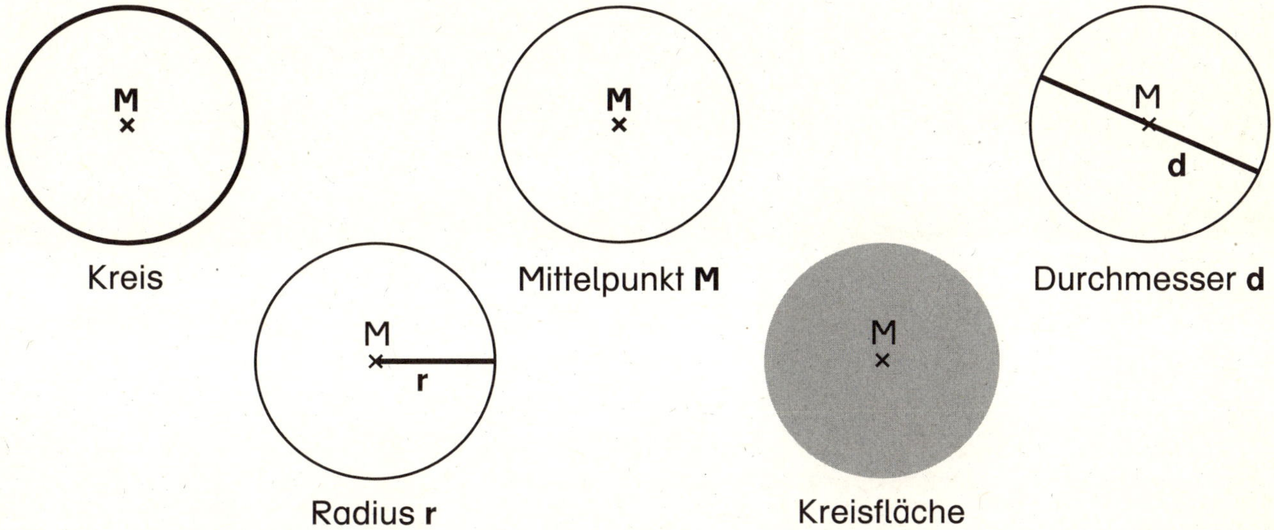

1. Zeichne mit einem Farbstift

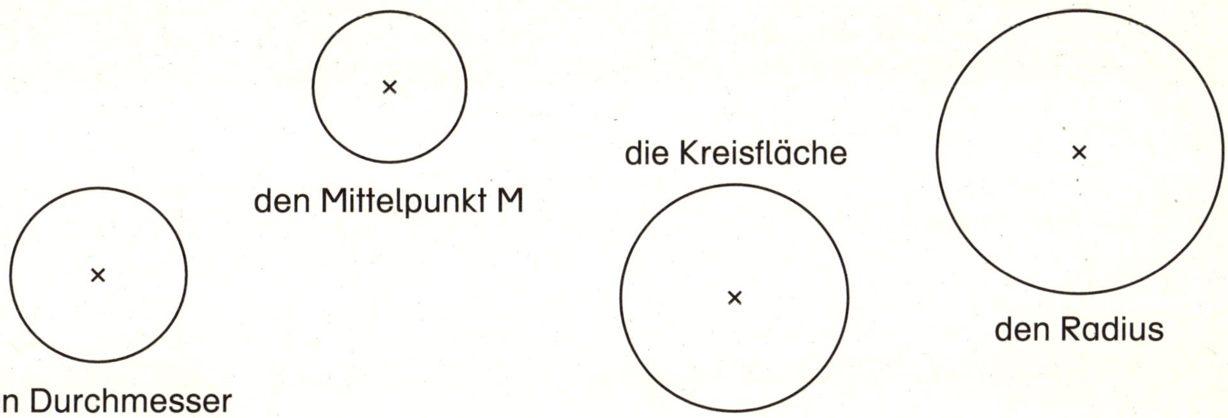

2. Zeichne Kreise mit

a) r = 2 cm

d = _____ cm

b) r = _____ cm

d = 6 cm

M ×

M ×

Kreise

1. Zeichne mit dem Zirkel die Muster weiter. Färbe die Flächen.

a)

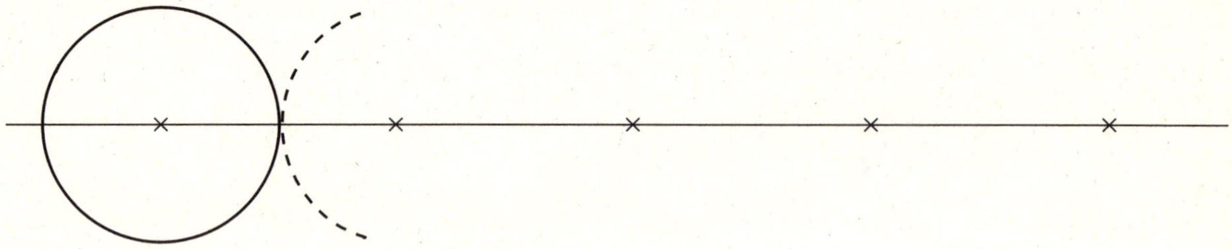

b)

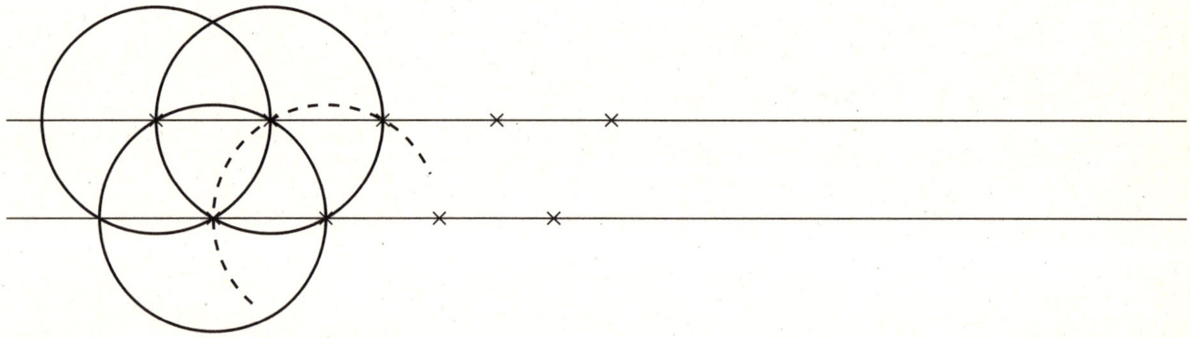

2. Welche Kreise sind gleich? Färbe gleich große Flächen mit derselben Farbe.

Punkte: ________ /4

Das Geo-Dreieck

Strecken messen

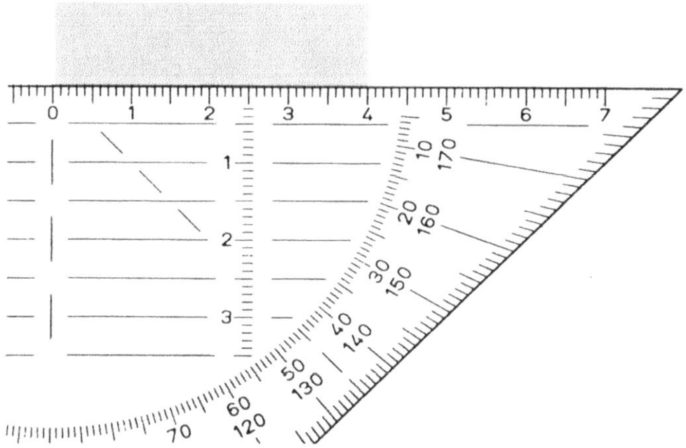

1

Bestimme mit dem Geo-Dreieck die Längen von verschiedenen Gegenständen.

Parallele Linien zeichnen oder überprüfen

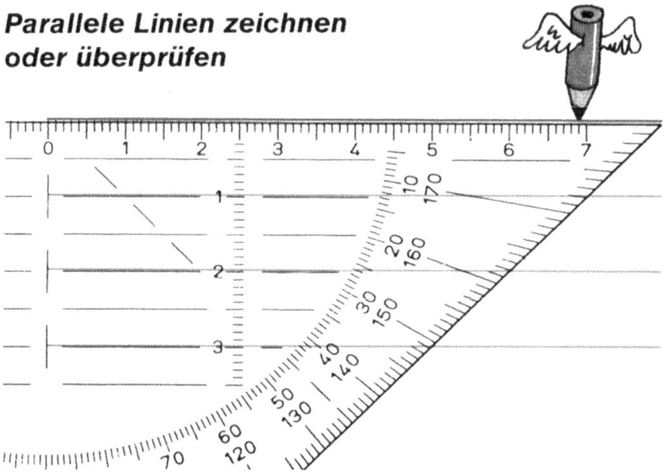

4

Zeichne parallele Linien mit einem Abstand von 1 cm (5 mm, 1 cm 5 mm).

Rechte Winkel zeichnen

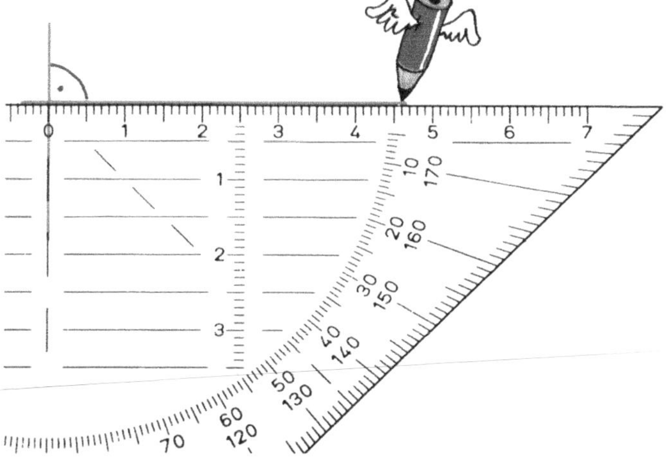

Strecken zeichnen

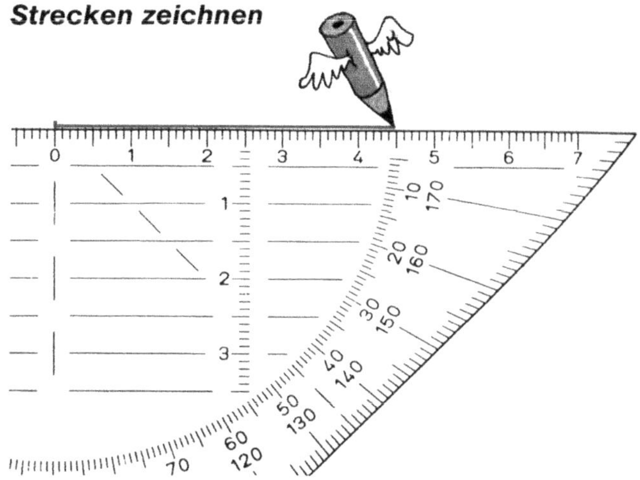

2

Zeichne Strecken in dein Heft.

a) 4 cm
b) 6 cm 5 mm
c) 68 mm
d) 7 mm
e) 1 cm 5 mm
f) 10 cm
g) 12 cm
h) 115 mm

3

Miß die Längen dieser Strecken. Zeichne mit den Strecken passende Quadrate und Rechtecke.

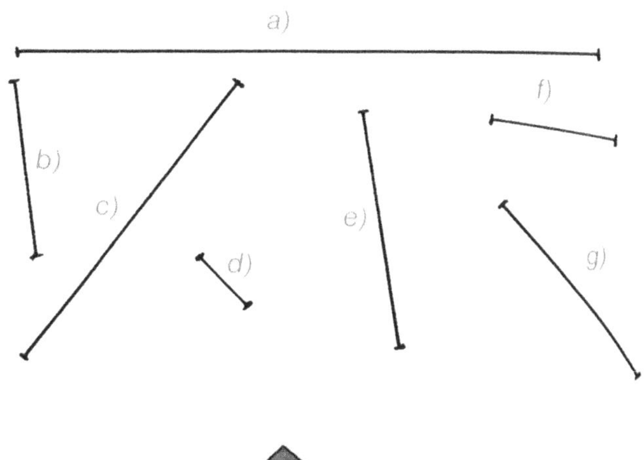

Legespiele

1. So kannst du Legespiele herstellen.

Zerschneide zwei Postkarten wie die beiden Geo-Profis und lege sie wieder zusammen.

a) 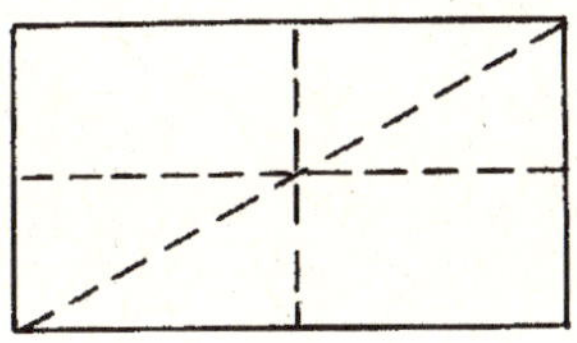

b) 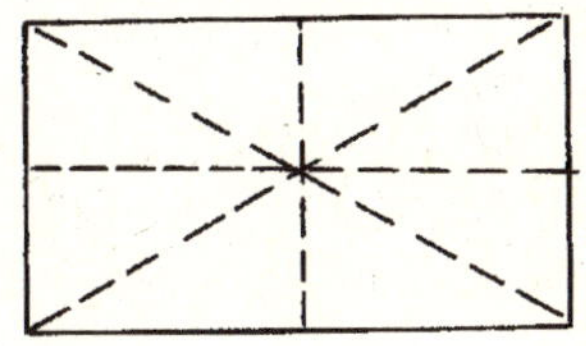

Welche Postkarte lässt sich leichter zusammenlegen?

____

2. Zeichne ein Quadrat mit folgendem Muster auf Karopapier (S. 43/44).

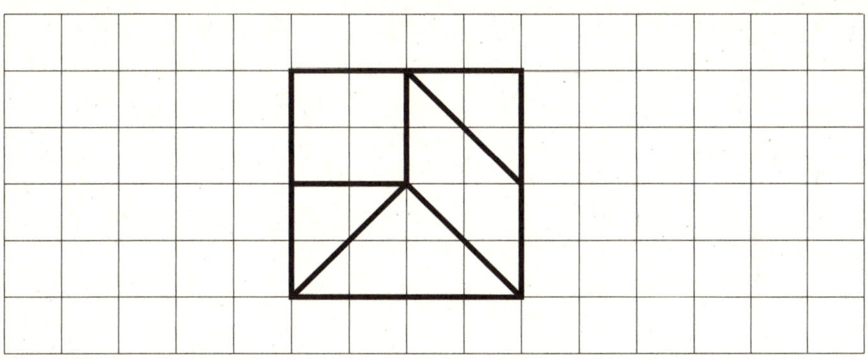

Wie viele Figuren erkennst du? Wie heißen sie?

____

____

Zerschneide deine gezeichnete Figur an den Schnittlinien entlang.
Lege aus den Teilen Figuren.

Figuren

Lege diese Figuren mit den Teilen deines zerschnittenen Quadrates (Anleitung auf Seite 5) nach.

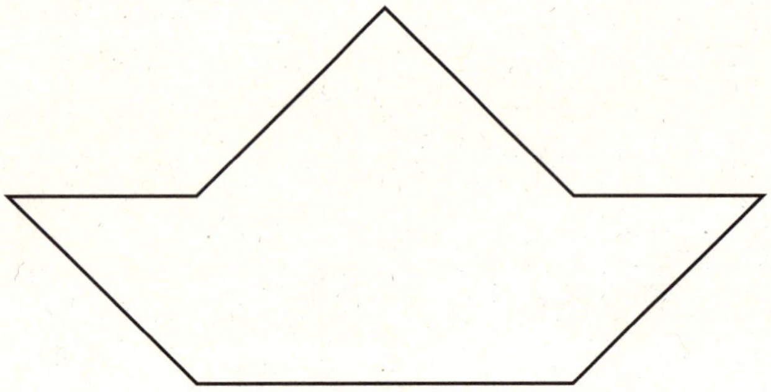

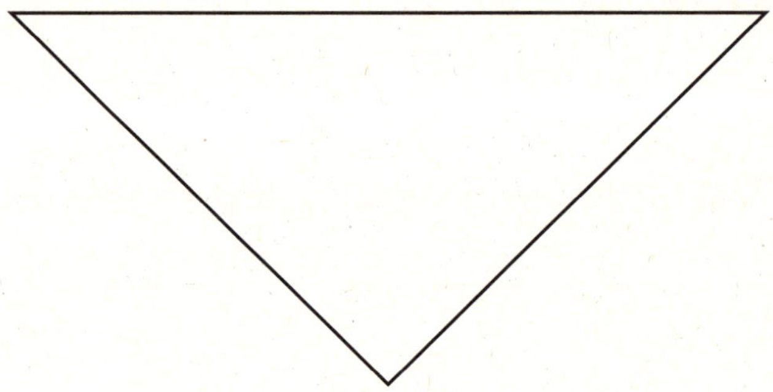

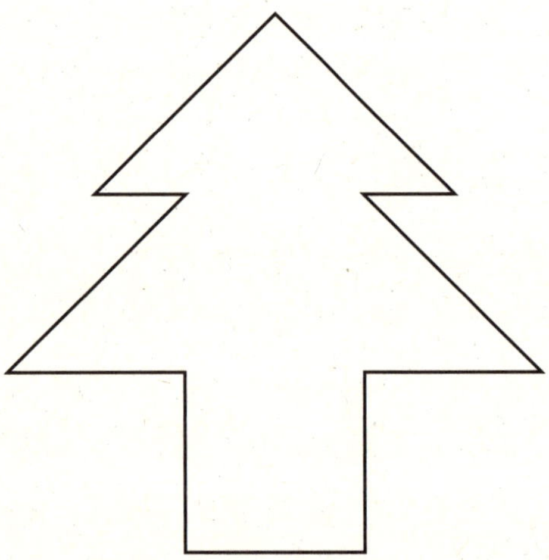

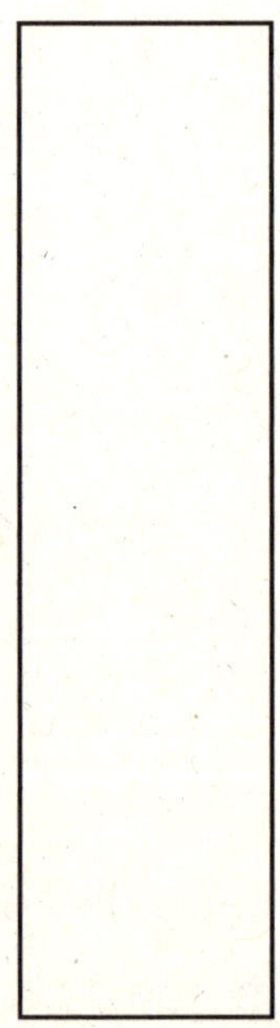

Punkte: ________ / 4

Formen

Welche Figuren passen genau aufeinander? Färbe sie gleich.

Körper

Trage die Namen der geometrischen Körper ein.

Welche Begrenzungsflächen erkennst du? Kreuze an. Schreibe die Anzahl dazu.

		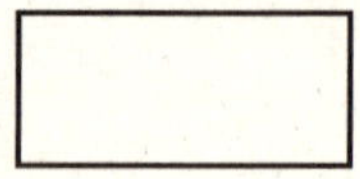	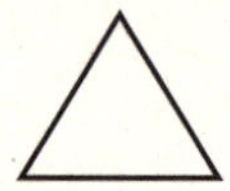	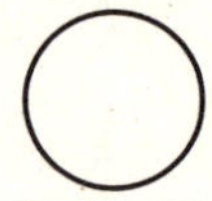
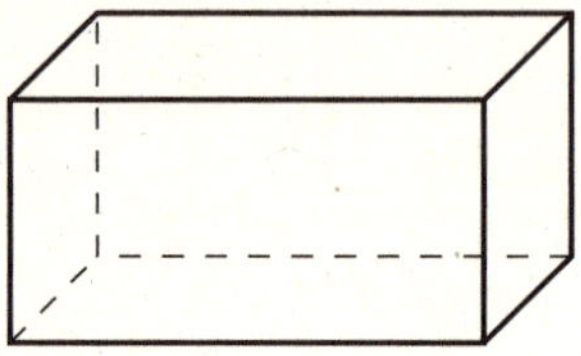 Name: ______				
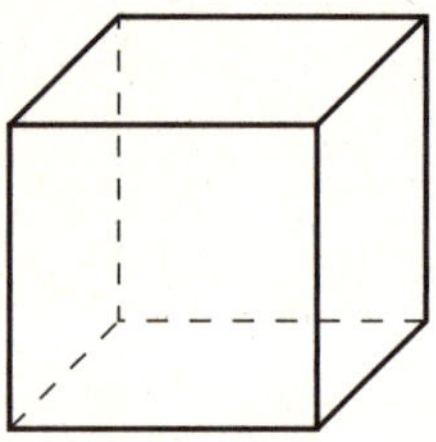 Name: ______				
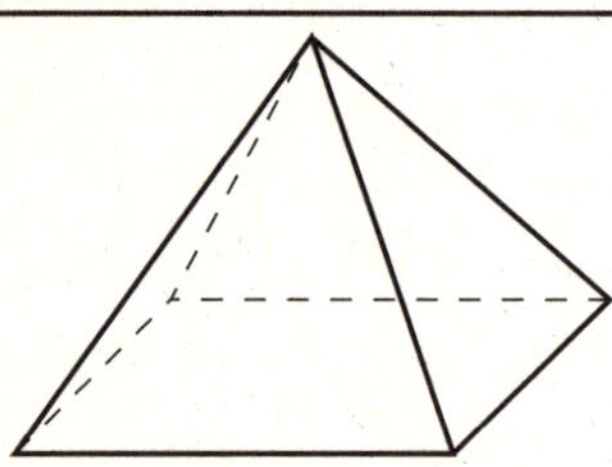 Name: ______				
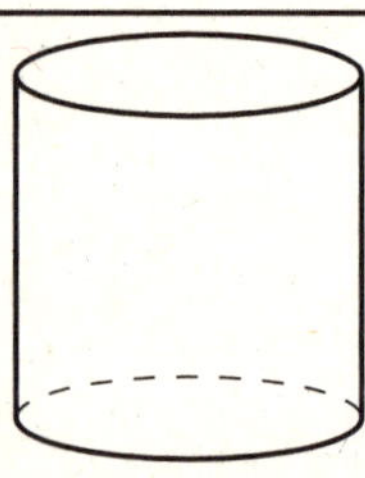 Name: ______				
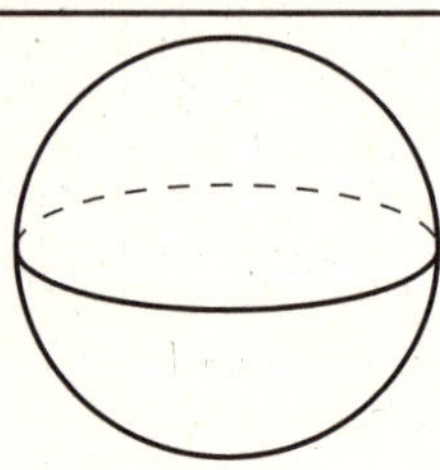 Name: ______				

 Punkte: ______ / 2

Körper und ihre Eigenschaften

1. Zu welchen geometrischen Körpern kann man die Teile zusammensetzen?

Ordne zu und trage die Namen der Körper ein.

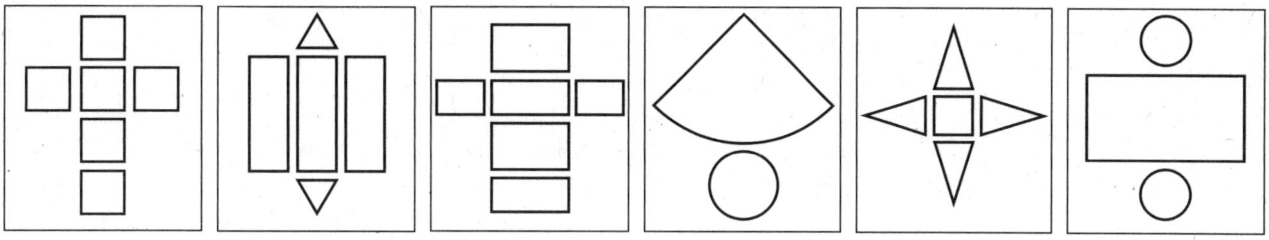

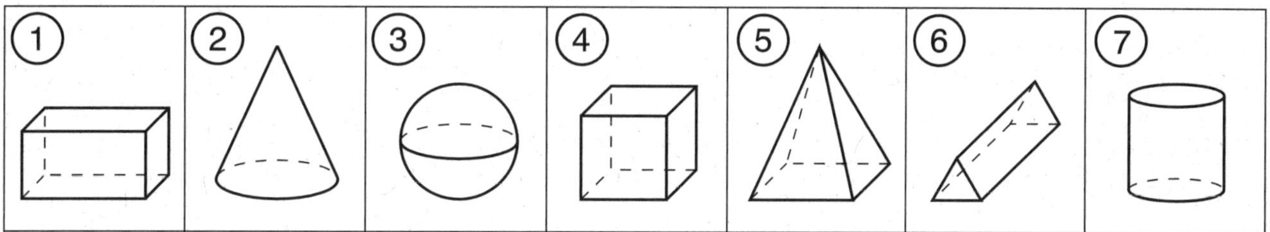

2. Zu welchen Körpern passen die Beschreibungen?

Trage die Zahlen aus Aufgabe 1 ein.

Ich habe 6 gleich große quadratische Flächen,		Ich habe weder Ecken noch Kanten.	
Ich habe 3 Flächen: 2 gleich große Kreisflächen und eine gekrümmte Fläche.		Ich habe 12 Kanten und 8 Ecken. Meine gegenüberliegenden Flächen sind gleich große Rechtecke.	
Ich habe eine Kreisfläche und eine gekrümmte Fläche.		Ich habe eine viereckige Grundfläche, meine 4 Seitenflächen sind dreieckig.	
Ich habe 6 gleich große		Ich kann nur rollen.	
Ich kann rollen und kippen.		Ich habe 9 Kanten, 3 rechteckige und 2 dreieckige Flächen.	

Würfelnetze

Welche Figuren stellen das Netz eines Würfels dar? Kreuze an.

1. ☐

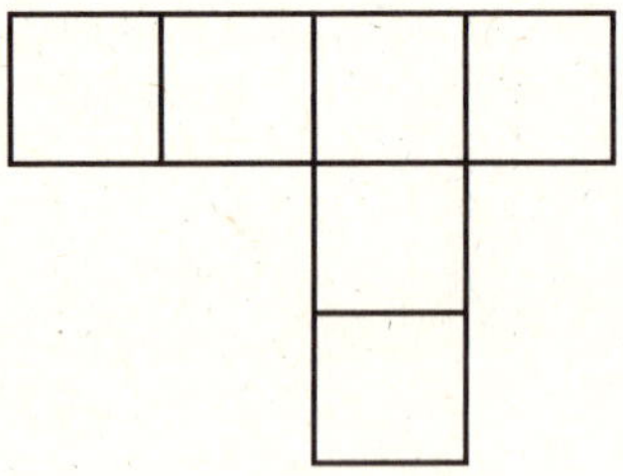

2. ☐

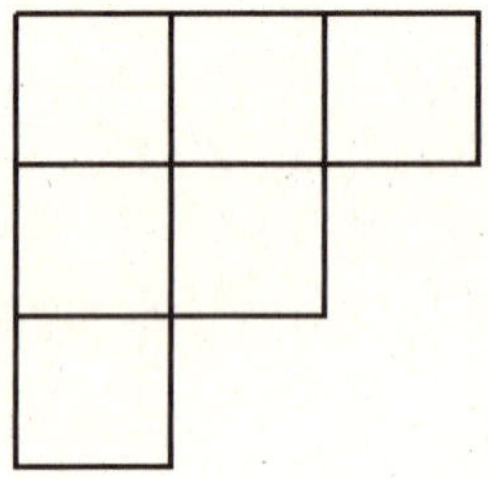

3. ☐

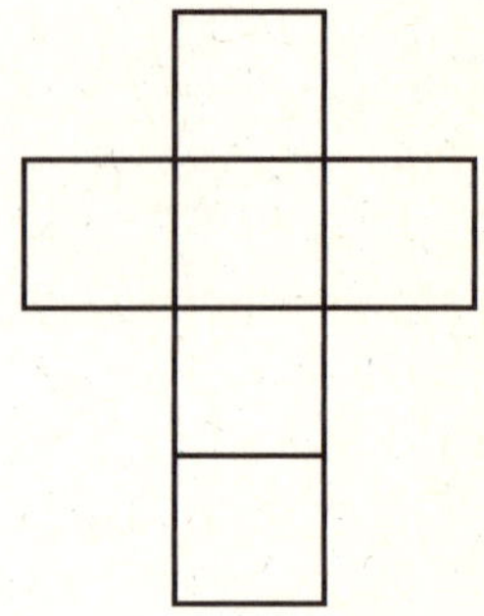

4. ☐

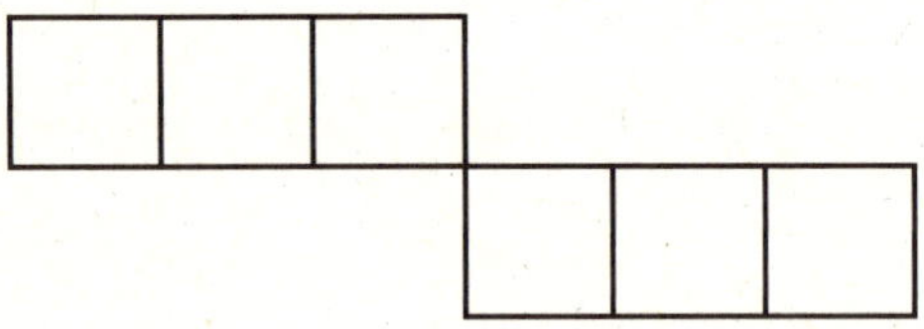

5. ☐

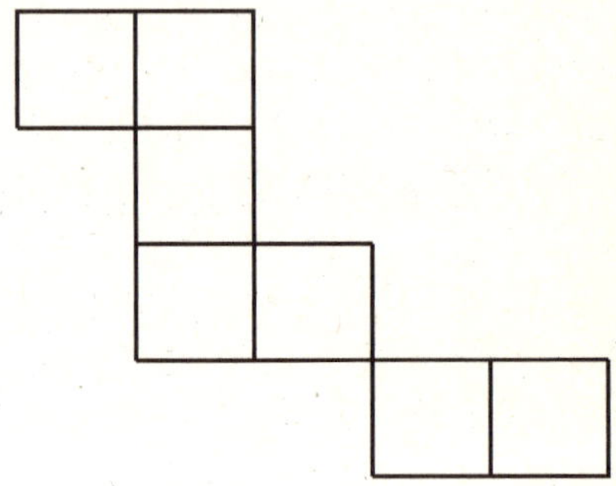

6. ☐

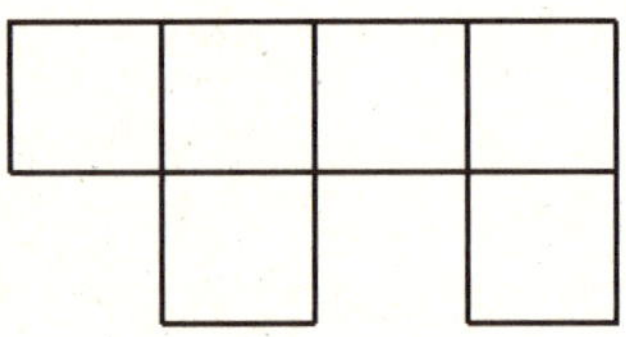

7. ☐

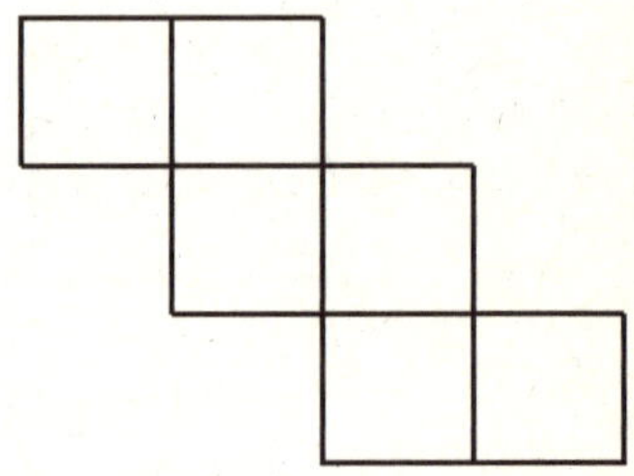

8. ☐

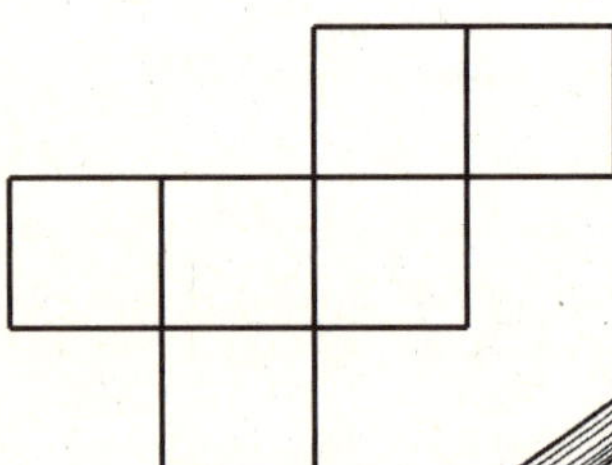

9. ☐

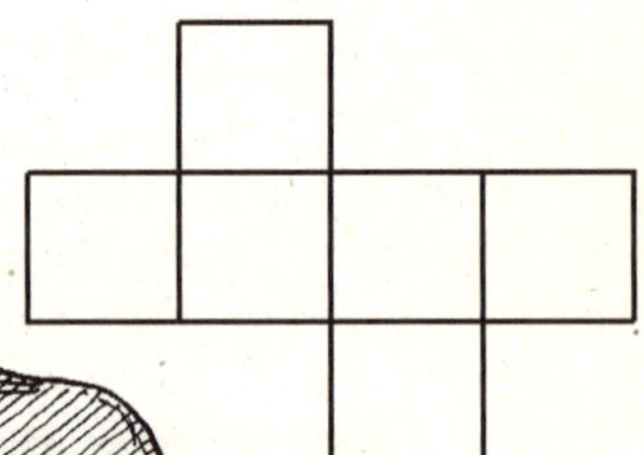

Untersuche:

- Es dürfen nicht mehr als 4 Quadrate in einer Reihe liegen.
- Es dürfen niemals 4 Quadrate einen gemeinsamen Eckpunkt haben.
- Liegen 4 Quadrate in einer Reihe, so müssen die beiden anderen auf verschiedenen Seiten dieser Reihe angeordnet sein.

Würfelnetze

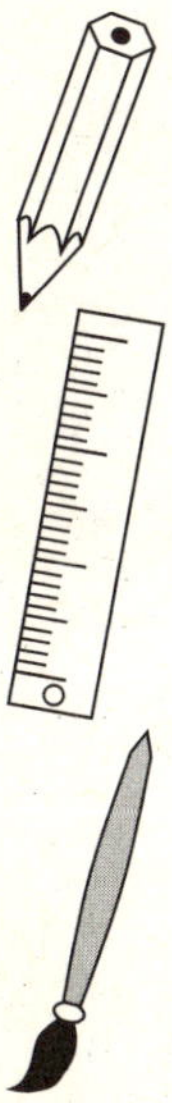

a) Welche Figuren sind Würfelnetze? Kreuze an.

b) Welche Fläche liegt der Blume gegenüber? Färbe sie rot ein.

1. ☐

2. ☐

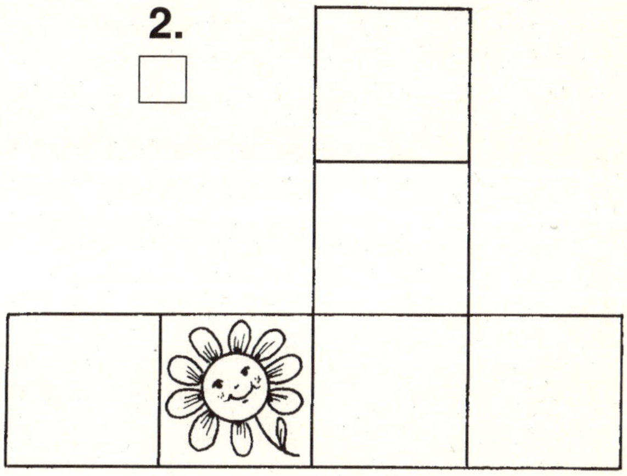

3. ☐

4. ☐

5. ☐

6. ☐

c) Zeichne die Würfelnetze auf Karopapier (S. 43/44), schneide sie aus und falte Würfel.

Geo-Spiel: Spielanleitung

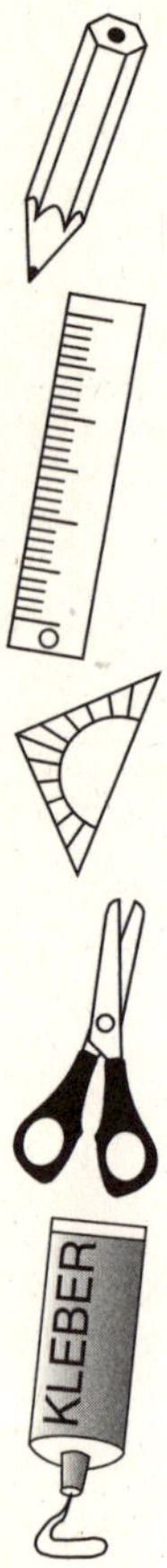

Spieler: 2

Material: Spielplan (S. 13)
1 Spielwürfel
2 Spielfiguren
1 Geo-Würfel

Einen **Geo-Würfel** kannst du leicht und einfach herstellen, indem du die sechs Seiten eines Spielwürfels mit den Begriffen **Kugel, Quader, Würfel, Zylinder, Pyramide** und **Kegel** beklebst.

Du kannst dir auch einen **Geo-Würfel** selbst basteln. Übertrage dazu das Würfelnetz auf Karopapier und beschrifte es wie in der Abbildung. Schneide es sorgfältig aus. Falte es entlang der Linien vor und klebe es zusammen.

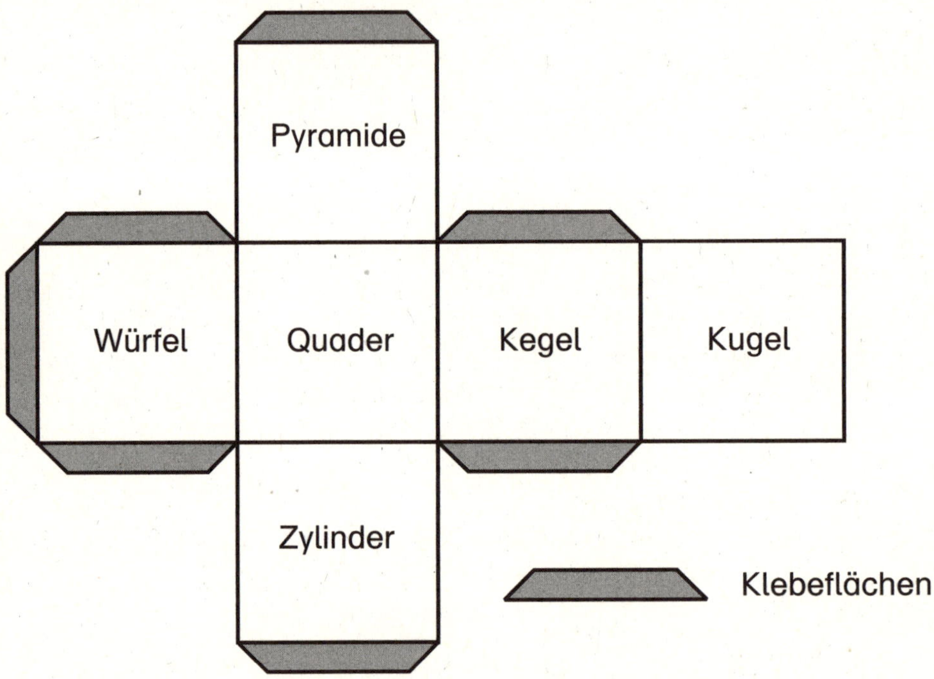

Regel: Die Spielfiguren stehen zu Beginn auf den beiden START-Feldern. Abwechselnd rücken die Spieler so viele Felder vor, wie der Spielwürfel anzeigt. Kommt ein Spieler auf ein graues Feld, muss er beim nächsten Mal den Geo-Würfel einsetzen: Passt der gewürfelte Begriff zu einem Körper oder zur Beschreibung auf dem Feld, darf er mit dem Spielwürfel weiterspielen. Passt der Begriff nicht, muss der Spieler ein Feld zurücksetzen. Gewonnen hat, wer zuerst das Feld mit dem Würfelnetz genau erreicht.

Geo-Spiel: Spielplan

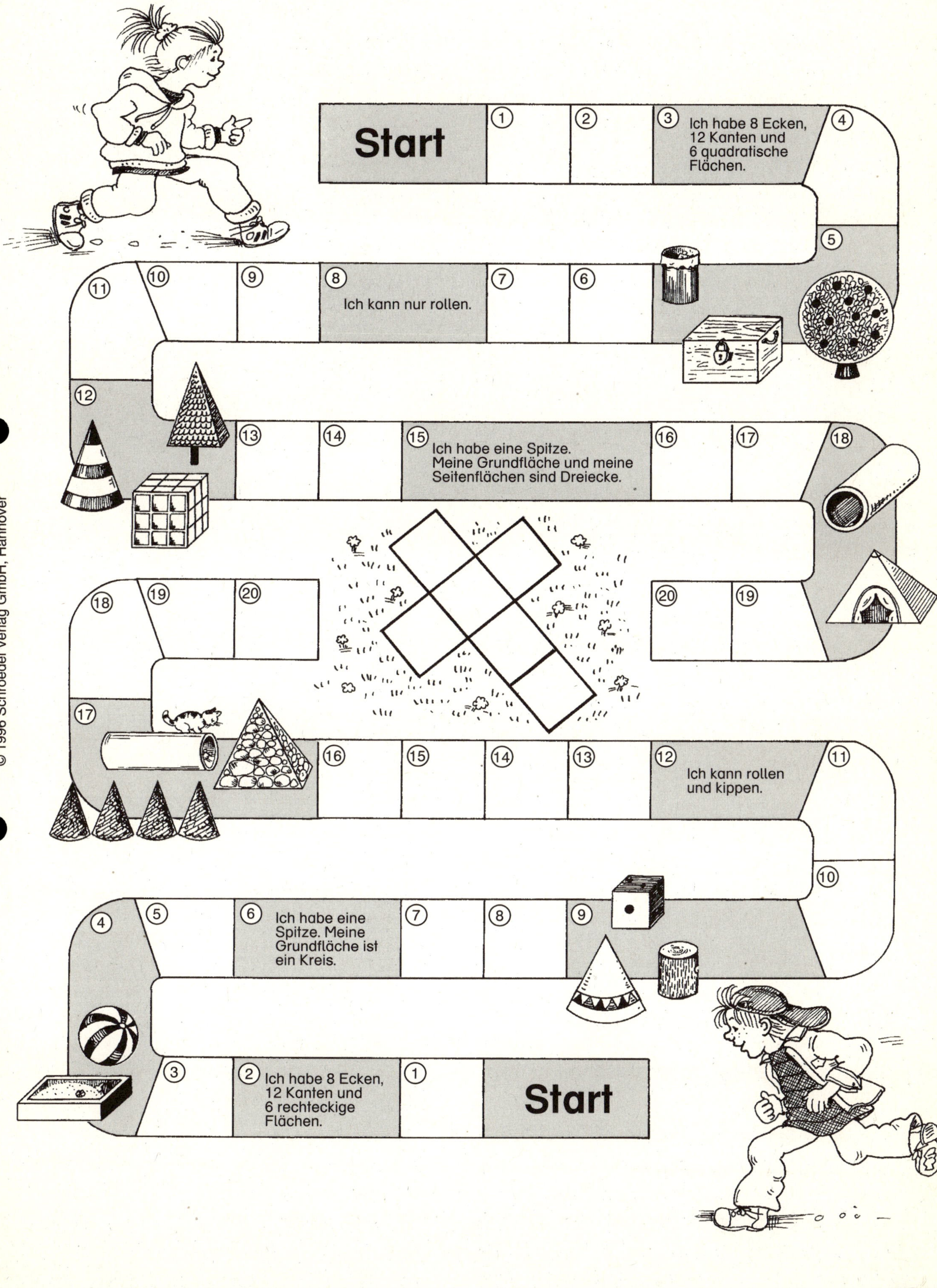

Symmetrie

1. Lege mit Plättchen das Spiegelbild.

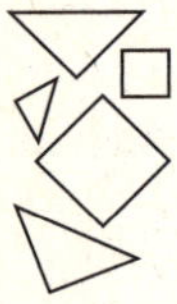

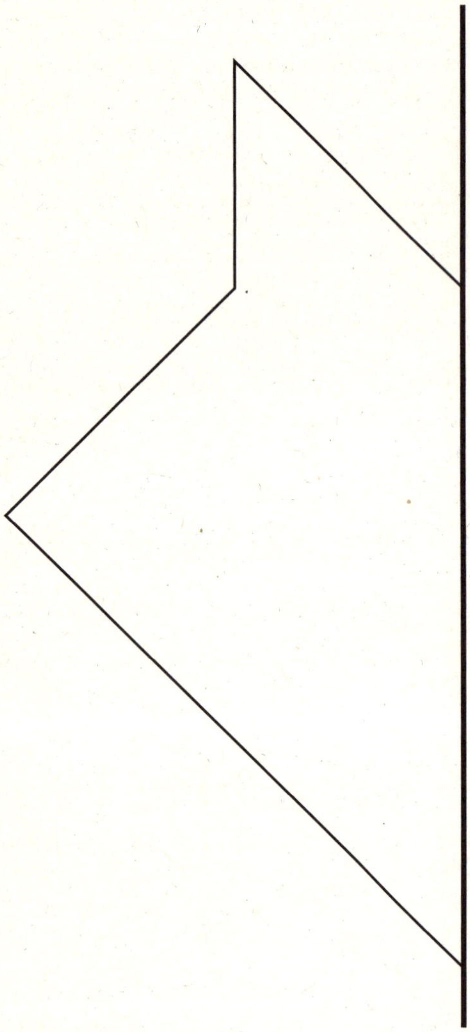

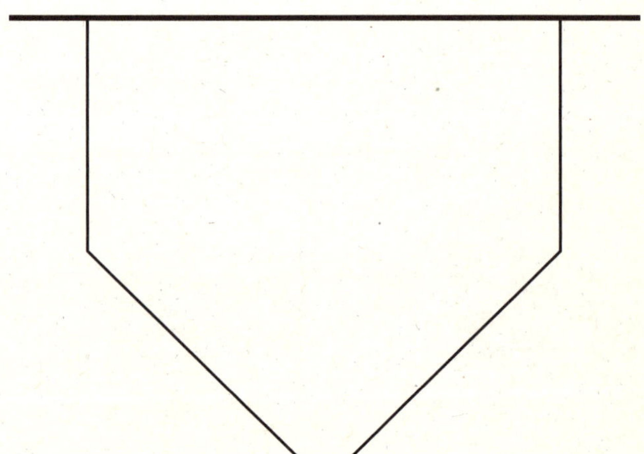

2. Lege weitere symmetrische Figuren

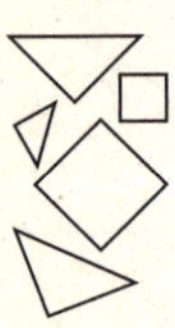

a) aus 6 Dreiecken und 2 Quadraten,

b) aus 8 Dreiecken.

Denke dir selbst Figuren aus und lege ihre Spiegelbilder.

Symmetrie

Zeichne Spiegelachsen ein.

Punkte: ________ / 2

Symmetrie

Zeichne die Spiegelbilder.

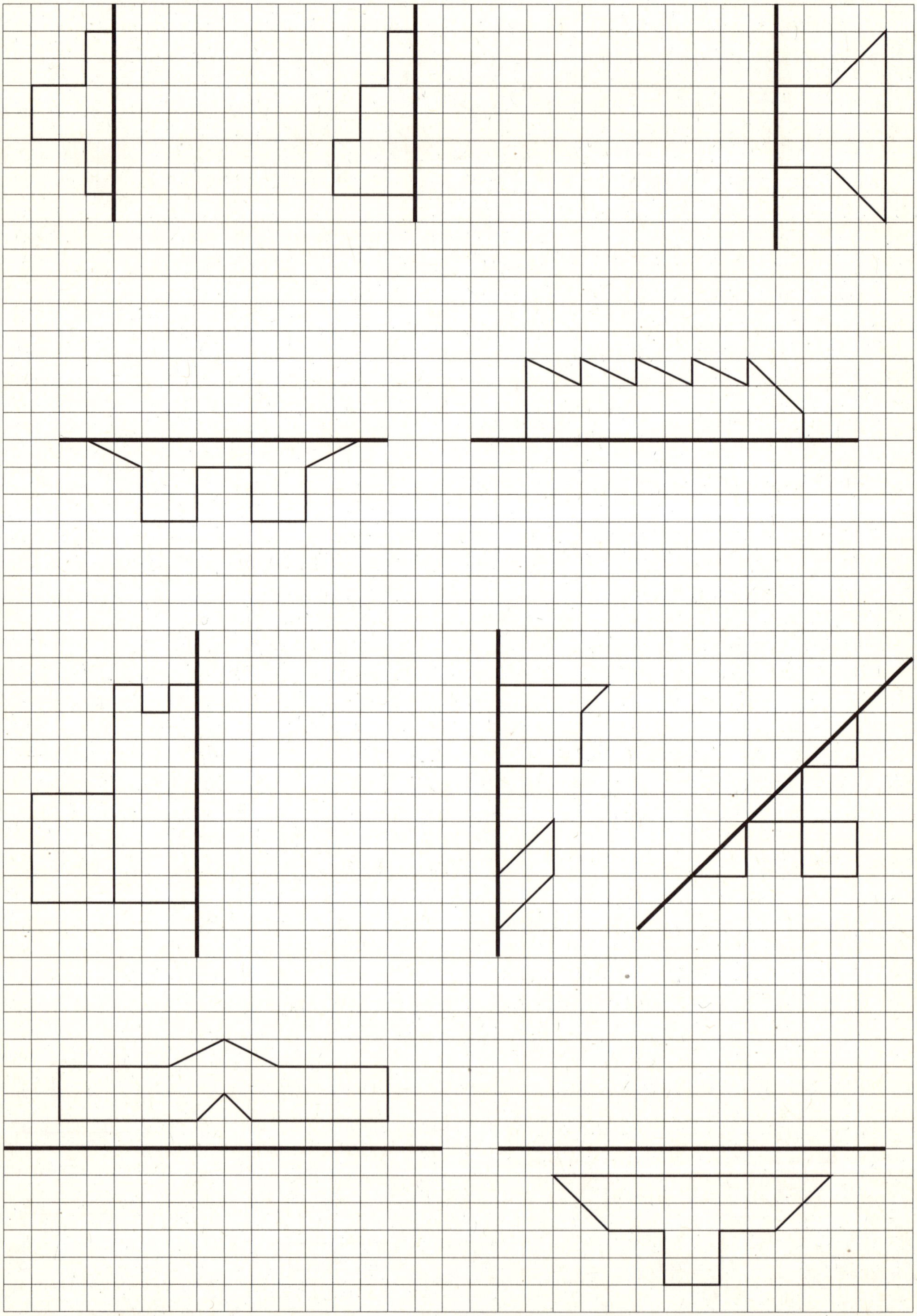

Punkte:________ / 2

Ornamente

1. Vervollständige die Muster.

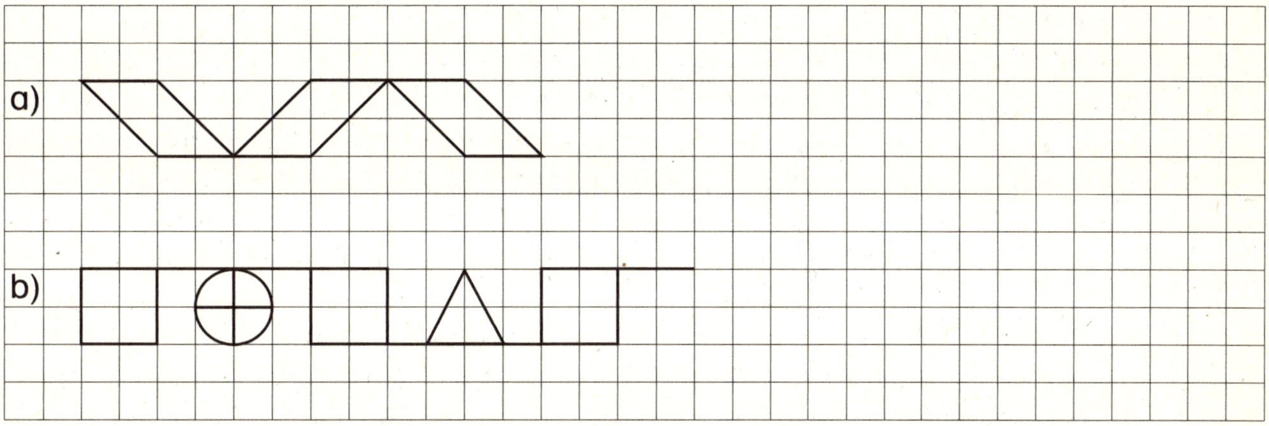

2. a) Welche Figuren passen in die Lücken? Färbe gleich.

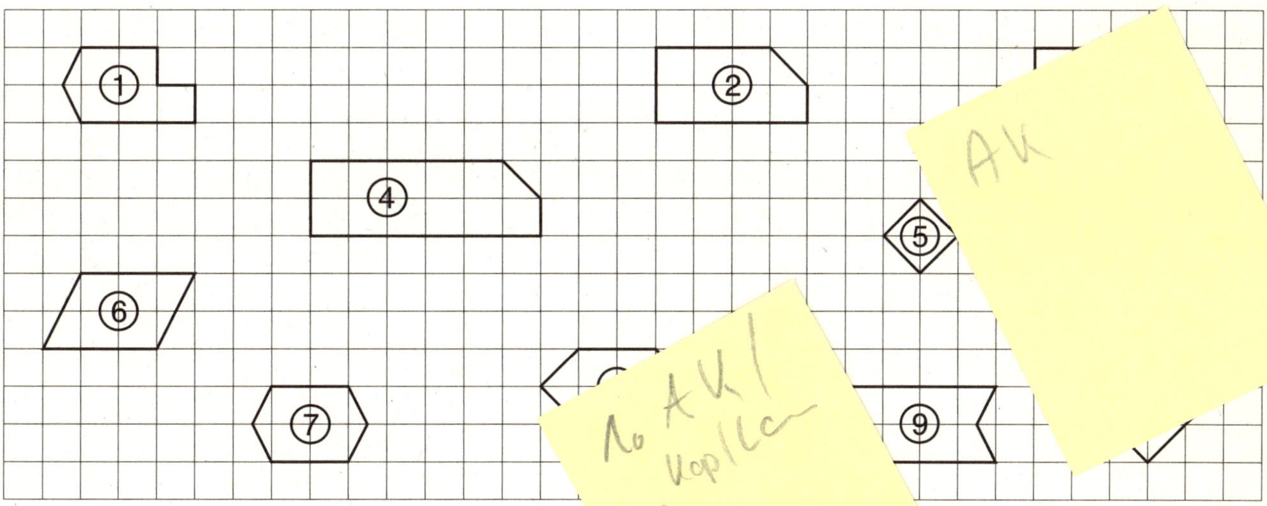

b) Trage ein

L		B		D	E	F

Dreiecke und Vierecke

1. Zeichne in jede Figur eine Gerade so ein, dass die angegebenen Formen entstehen.

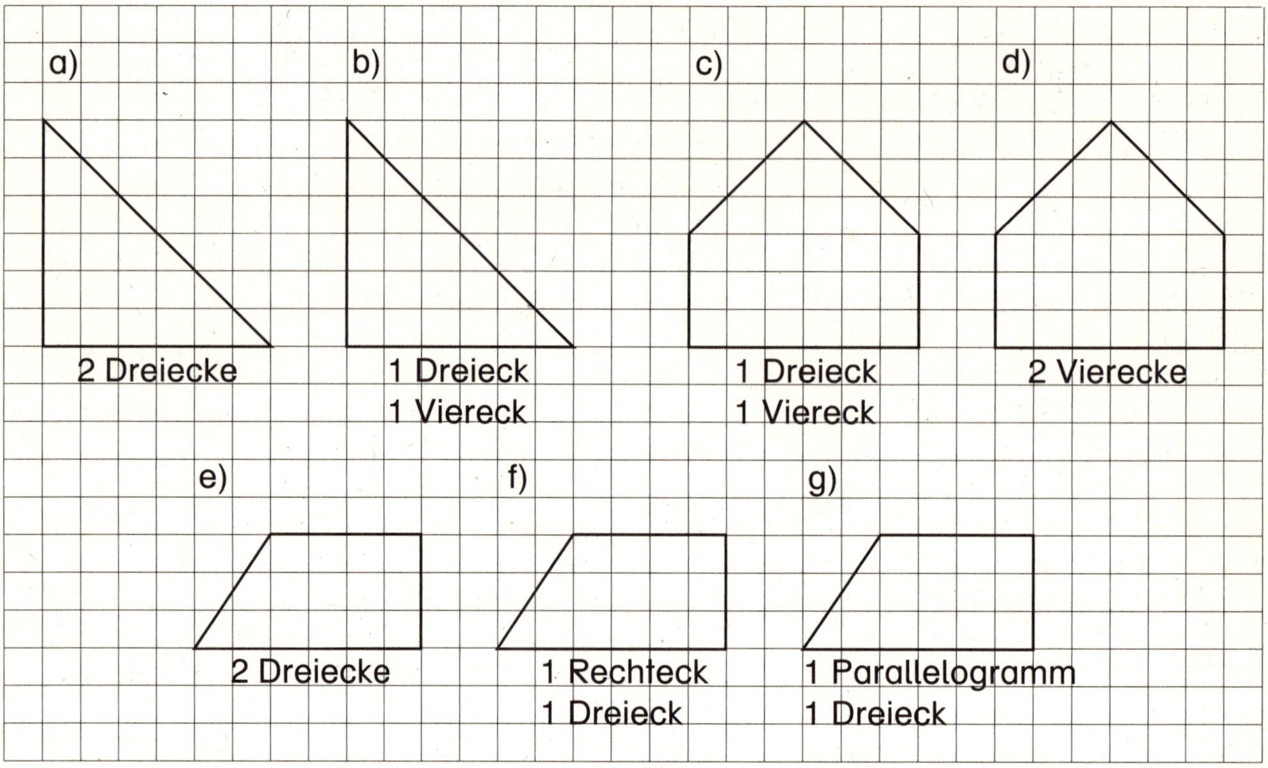

2. Ergänze die Figuren so, dass

a) ein Rechteck, b) ein Dreieck,

c) ein Quadrat, d) ein Parallelogramm

entsteht.

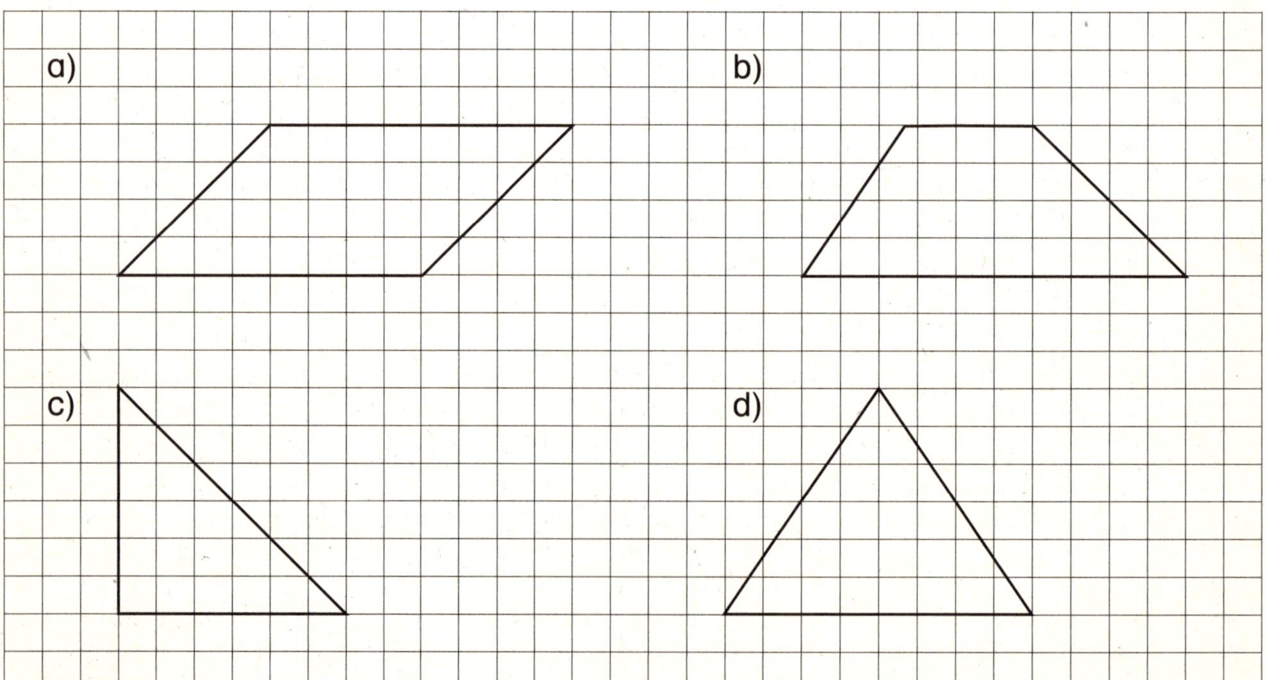

Dreiecke und Vierecke

1. Zeichne ein Dreieck ABC mit

Überlege:

ze:

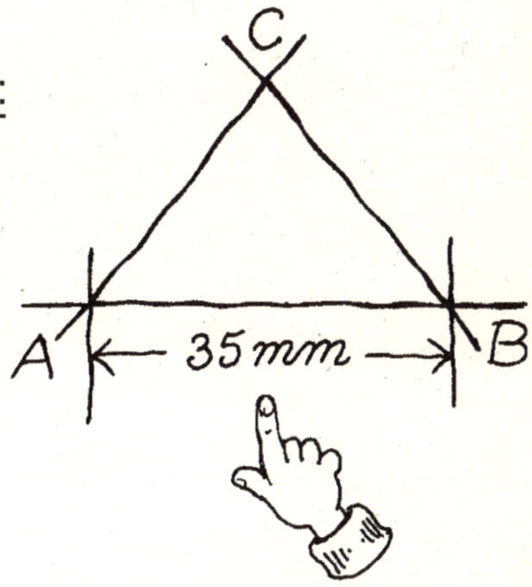

Zeichne:

2. Zeichne ein Rechteck ABCD.

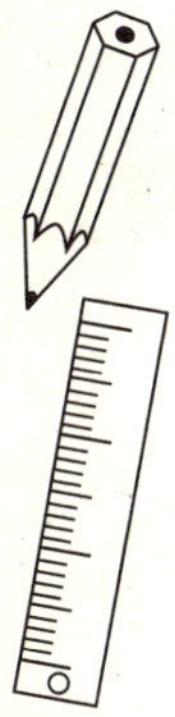

Überlege:

Skizze:

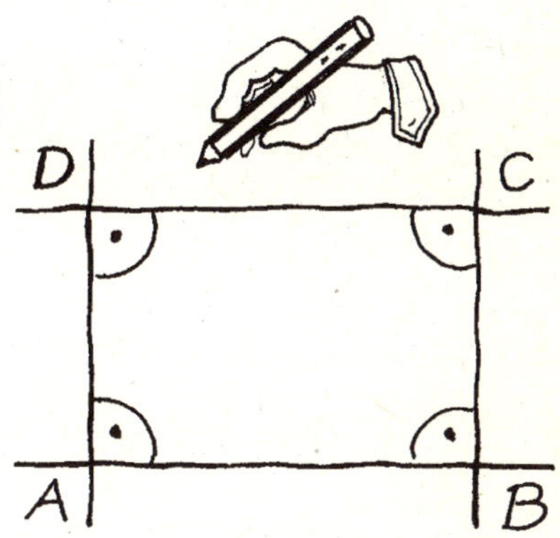

Zeichne:

3. Zeichne Rechtecke.

a) Länge 4 cm, Breite 3 cm

b) Länge 60 mm, Breite 25 mm

Quadrate

1. Zeichne ein Quadrat ABCD.

Überlege:

Quadrat ?

____

____

____

____

Skizze:

Zeichne:

2. Zeichne Quadrate.

a) Eine Seite ist 2 cm lang.

Skizze:

Zeichne:

b) Eine Seite ist 35 mm lang.

Skizze:

Zeichne:

Knobeleien

1. Zeichne zwei Quadrate mit der Seitenlänge 2 cm so, dass sie

a) einen Punkt,

b) zwei Punkte,

c) vier Punkte und

d) acht Punkte gemeinsam haben.

2. a) Wie viele Quadrate erkennst du im Bild?

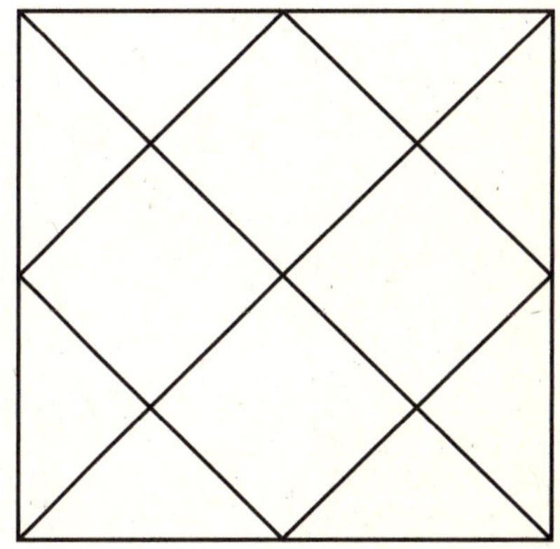

____

b) Erkennst du noch andere geometrische Figuren? Wie viele sind es?

____

____

c) Trage mögliche Spiegelachsen farbig ein.

3. Zeichne 4 Geraden so, dass jeder Punkt auf mindestens einer dieser Geraden liegt. Keine Gerade darf zur anderen parallel sein.

4. Zeichne die folgende Figur ohne abzusetzen.

Quadrate erkennen und zeichnen, Geraden durch vorgegebene Punkte zeichnen

Punkte: ________ /4

Spielwürfel

Das ist das Würfelnetz eines Spielwürfels.

Weißt du, wie die Augenzahlen verteilt sind?

1. Trage die fehlenden Augenzahlen ein.

a)

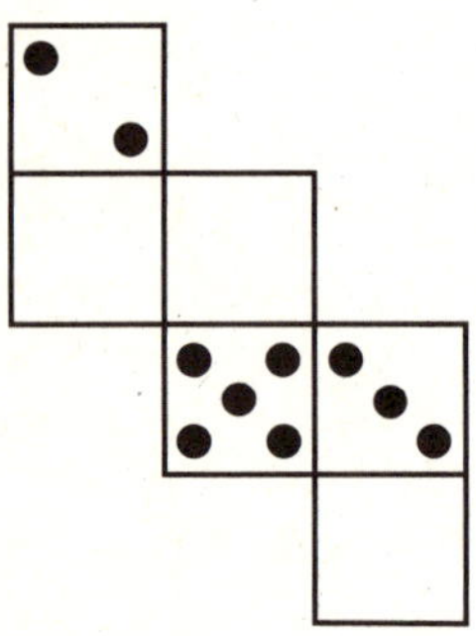

b)

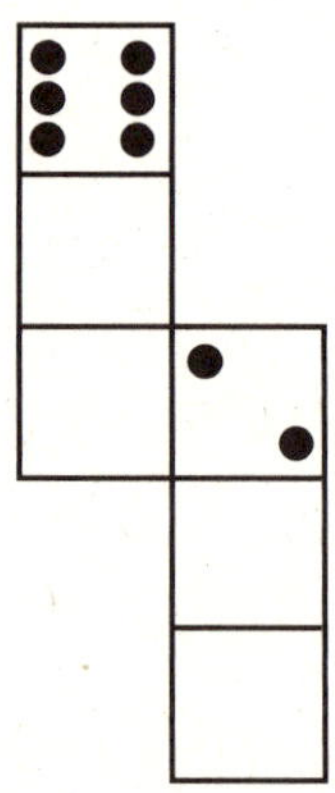

c)

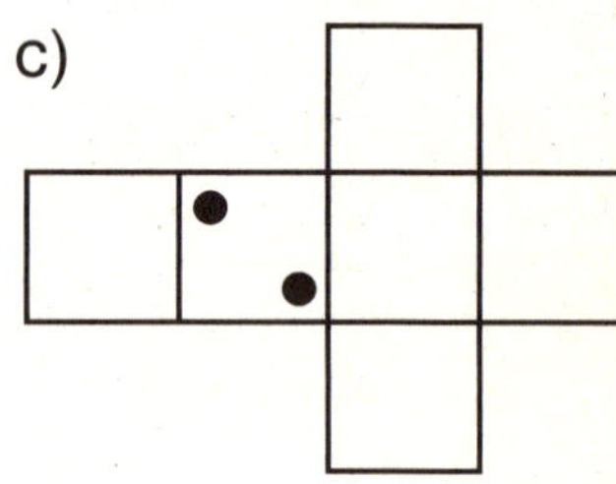

2. Es gibt mehrere Möglichkeiten, die Augenzahlen in ein Würfelnetz zu zeichnen. Probiere.

a)

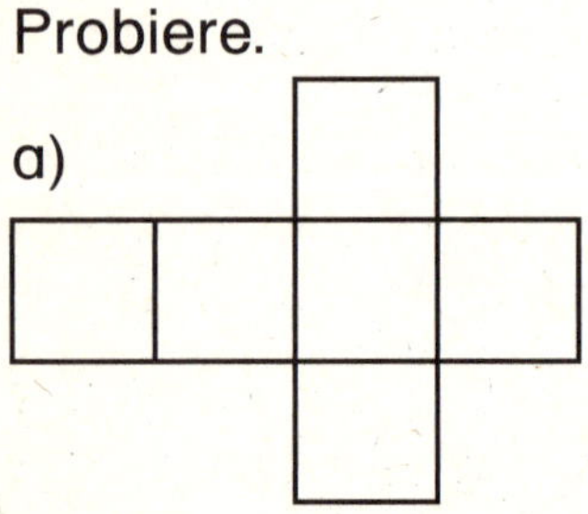

b)

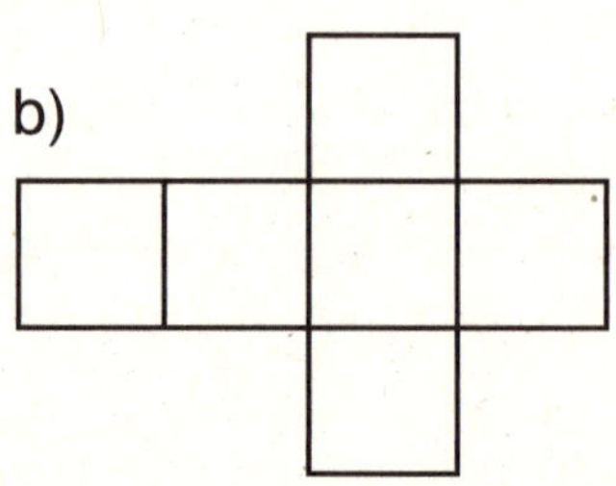

c)

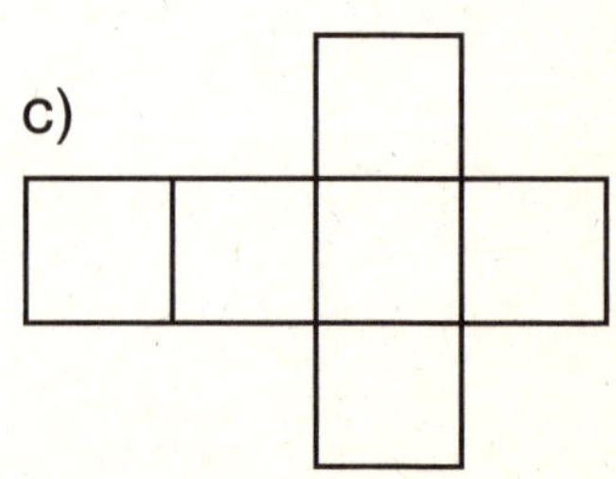

 Punkte: ________ / 3

Trapeze

1. a) Färbe in den Vierecken zueinander parallele Seiten.

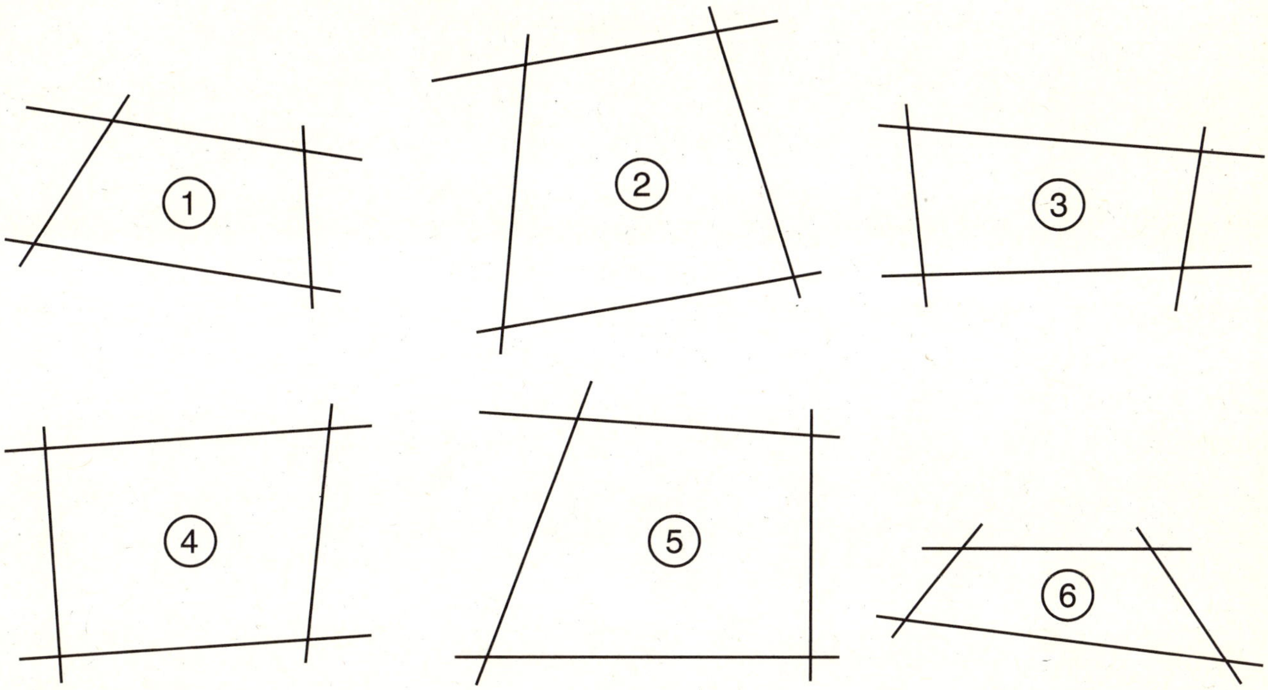

b) Welche Vierecke sind Trapeze? Kreuze in der Tabelle an.

Figur	①	②	③	④	⑤	⑥
Trapez						

2. Zeichne Trapeze.

Vierecke

Quadrat | Rechteck | Parallelogramm | Trapez | Viereck

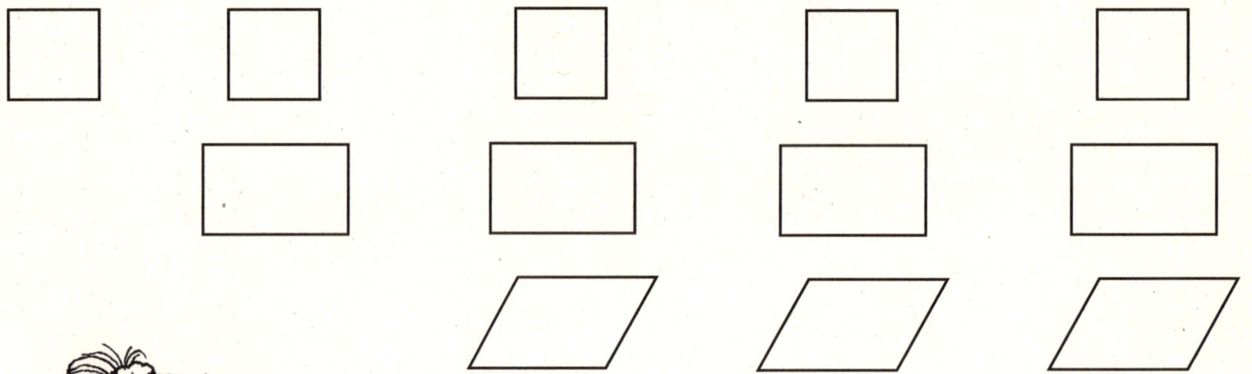

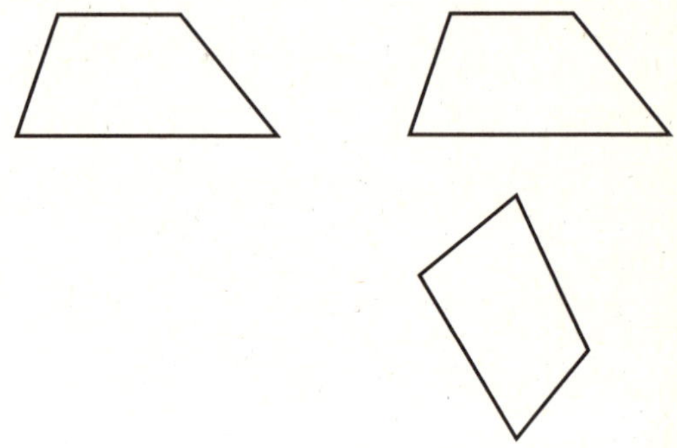

Welche Figur ist ein Quadrat, ein Rechteck, ein Parallelogramm, ein Trapez, ein Viereck? Kreuze an.

	Quadrat	Rechteck	Parallelogramm	Trapez	Viereck
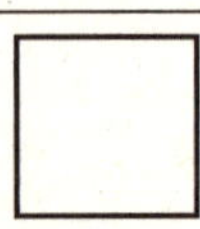					
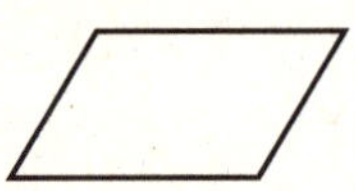					
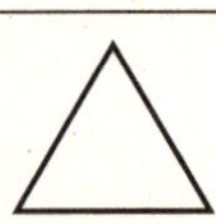					
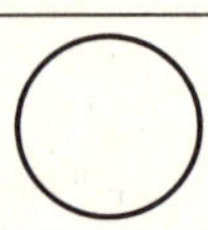					

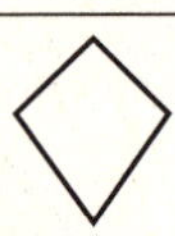					

 Punkte: ________ /2

Vierecke

Was ist richtig, was ist falsch? Kreuze an.

Das Quadrat ist ein Trapez.
Richtig ○ Falsch ○

Das Parallelogramm ist ein Quadrat.
Richtig ○ Falsch ○

Das Parallelogramm ist ein Rechteck.
Richtig ○ Falsch ○

Das Rechteck ist ein Trapez.
Richtig ○ Falsch ○

Das Trapez ist ein Parallelogramm.
Richtig ○ Falsch ○

Das Quadrat ist ein Rechteck.
Richtig ○ Falsch ○

Das Trapez ist ein Quadrat.
Richtig ○ Falsch ○

Das Quadrat ist ein Parallelogramm.
Richtig ○ Falsch ○

Das Rechteck ist ein Parallelogramm.
Richtig ○ Falsch ○

Das Trapez ist ein Rechteck.
Richtig ○ Falsch ○

Das Parallelogramm ist ein Trapez.
Richtig ○ Falsch ○

Das Rechteck ist ein Quadrat.
Richtig ○ Falsch ○

Flächeninhalt

1. Wie groß sind die Flächen? Zähle die Kästchen.

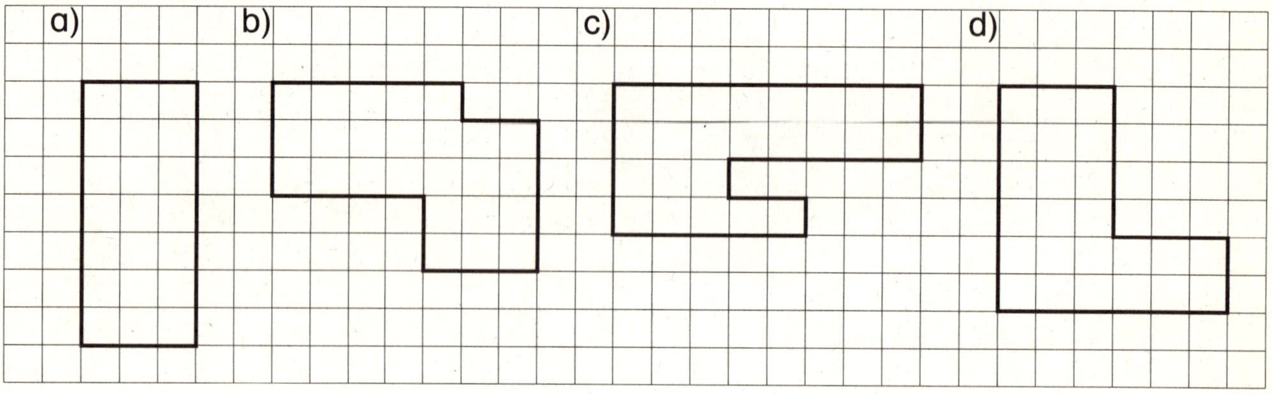

a) ______ Kästchen   b) ______ Kästchen   c) ______ Kästchen   d) ______ Kästchen

2. Welche der beiden Flächen ist größer? Färbe sie ein.

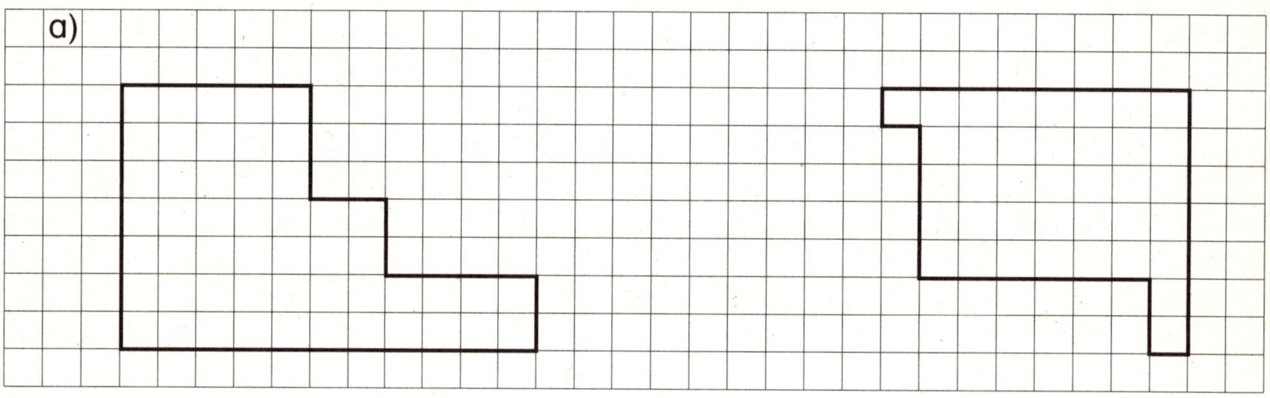

______ Kästchen   ______ Kästchen

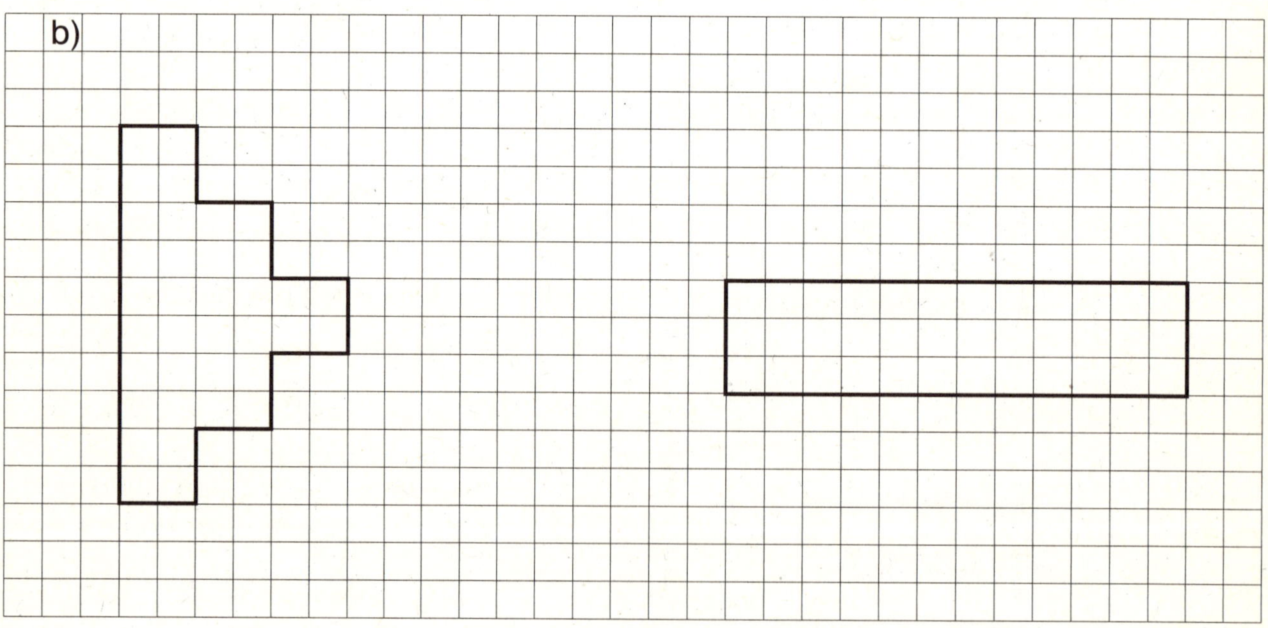

______ Kästchen   ______ Kästchen

Punkte: ________ /2

Flächeninhalt

1. Wie viele Kästchen kann man in die Flächen legen?

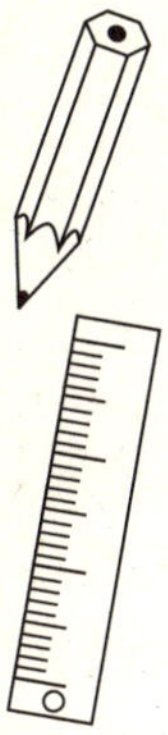

a)

____ Kästchen

b)

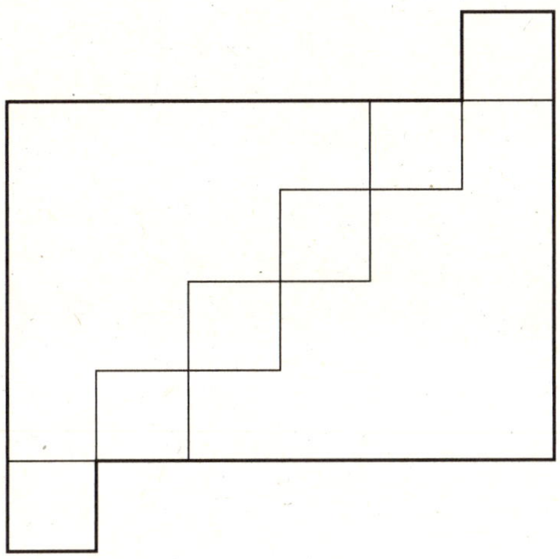

____ Kästchen

c)

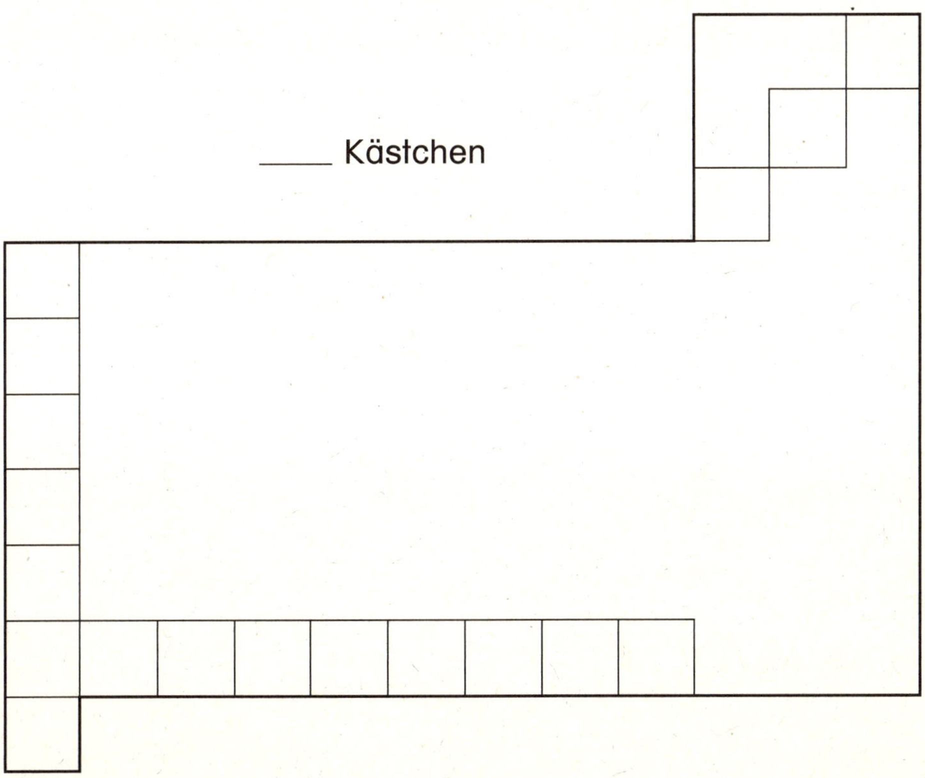

____ Kästchen

Punkte: ________ /3

Flächeninhalt und Umfang

1. Wie viele Quadrate 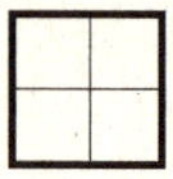 benötigst du, um die Flächen vollständig auszulegen?

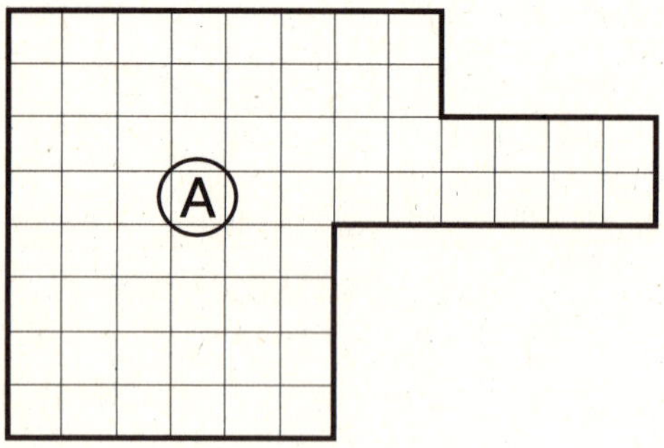

_____ Quadrate

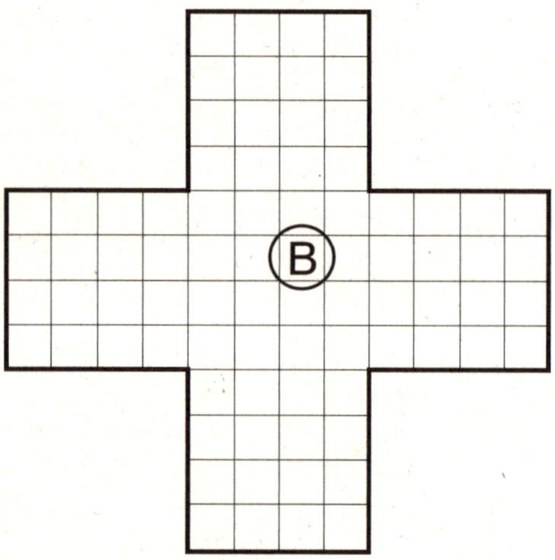

_____ Quadrate

2. Wenn du Quadrate zum Auslegen verwendest, kannst du auch den Umfang bestimmen.

a) Bestimme die Anzahl der Quadratseiten.

Umfang von Figur Ⓐ: _____ Quadratseiten
Umfang von Figur Ⓑ: _____ Quadratseiten

b) Miss in Zentimetern.

Umfang von Figur Ⓐ: _____ cm
Umfang von Figur Ⓑ: _____ cm

Flächeninhalt 4

1. Wie viele Quadrate benötigst du, um die Figuren vollständig auszulegen?

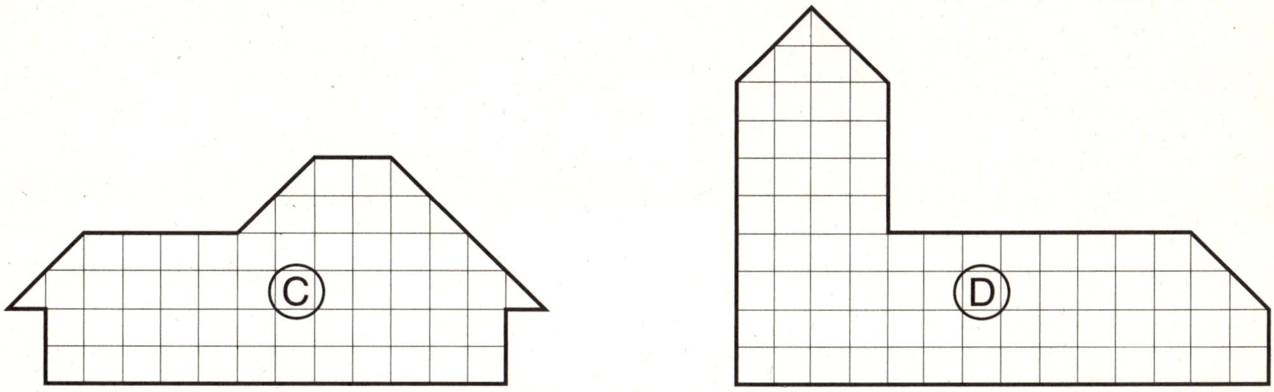

Figur Ⓒ : ______ Quadrate und ______ halbe Quadrate

Figur Ⓓ : ______ Quadrate und ______ halbe Quadrate

2. Wie viele Quadrate enthalten die Rechtecke?

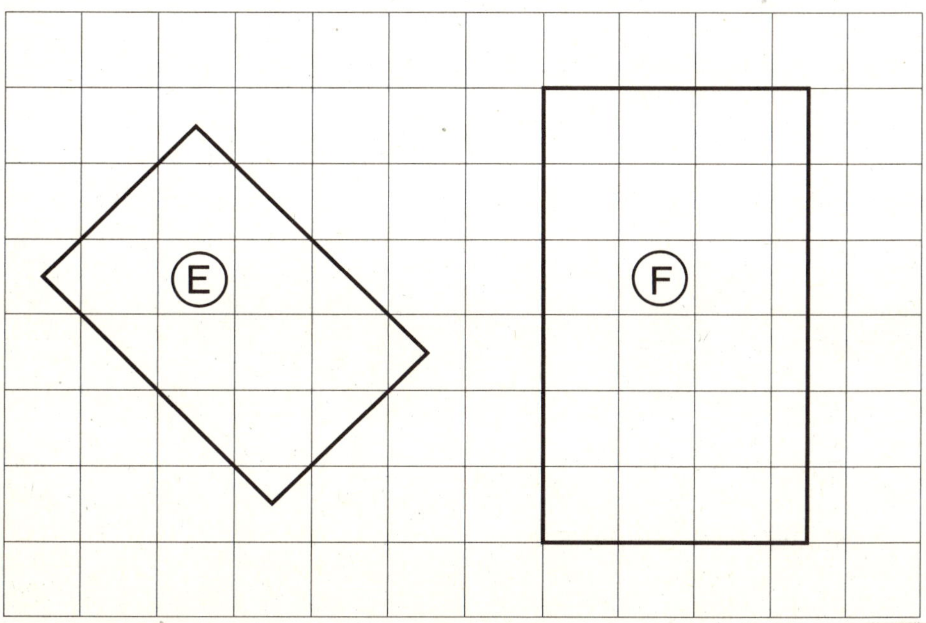

Rechteck Ⓔ :

______ Quadrate

Rechteck Ⓕ :

______ Quadrate

Körperansichten

Wer sieht was? Ordne zu.

Punkte: ________ / 2

Würfel

1. Suche Wege auf den Kanten des Würfels. Es gibt mehrere Möglichkeiten.

Gib immer drei Wege an.

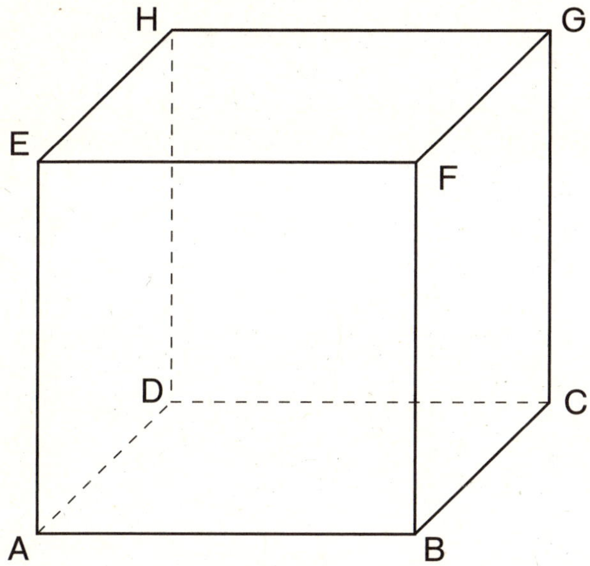

a) von A nach D:

A→B→C→D / A→D / A→E→H→D

b) von H nach A:

____

c) von E nach C:

____

d) von G nach B:

____

2. Wo kommst du an?

Der Weg führt

a) von B nach hinten, dann nach links und anschließend nach oben: Punkt ______________

b) von E nach unten, danach nach rechts, dann nach hinten und schließlich nach links: __________________

c) von G nach vorn, dann nach links, nach hinten und zuletzt nach rechts: __________________

3. Wie lang sind die Wege von A nach D, wenn die Kanten des Würfels 4 cm lang sind?

a) der kürzeste Weg A→D : 4 cm

b) der Weg A→B→C→D : ___ cm

c) der Weg ______________ : ___ cm

Quadernetze

Welche Figuren sind Quadernetze? Kreuze an.

Übertrage sie auf Karopapier, schneide sie aus und überprüfe durch Falten.

1. ☐

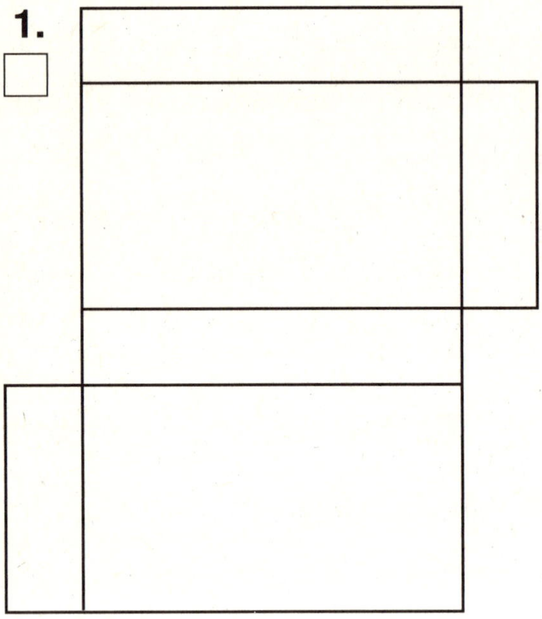

2. ☐

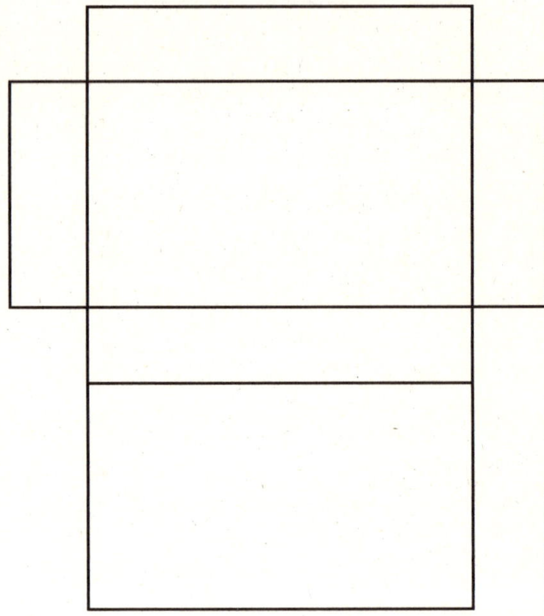

3. ☐

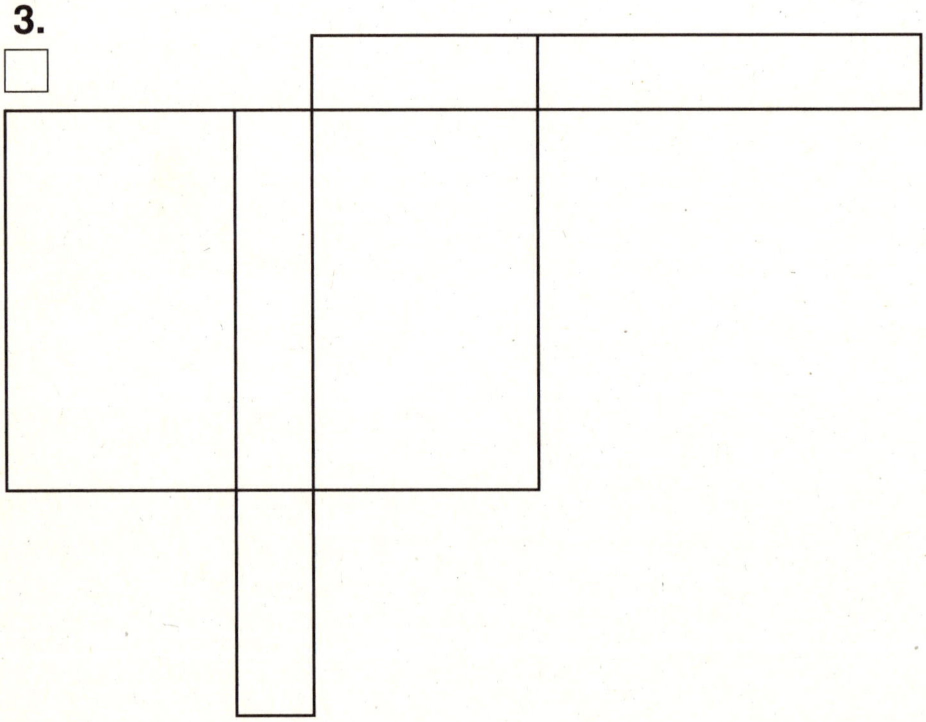

4. ☐

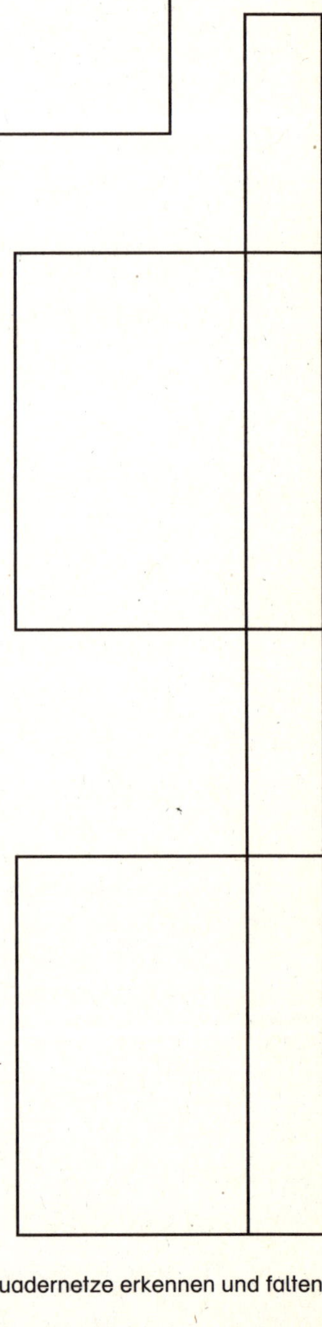

 Punkte: ________ /2

Achsenspiegelungen

Zeichne die Spiegelbilder

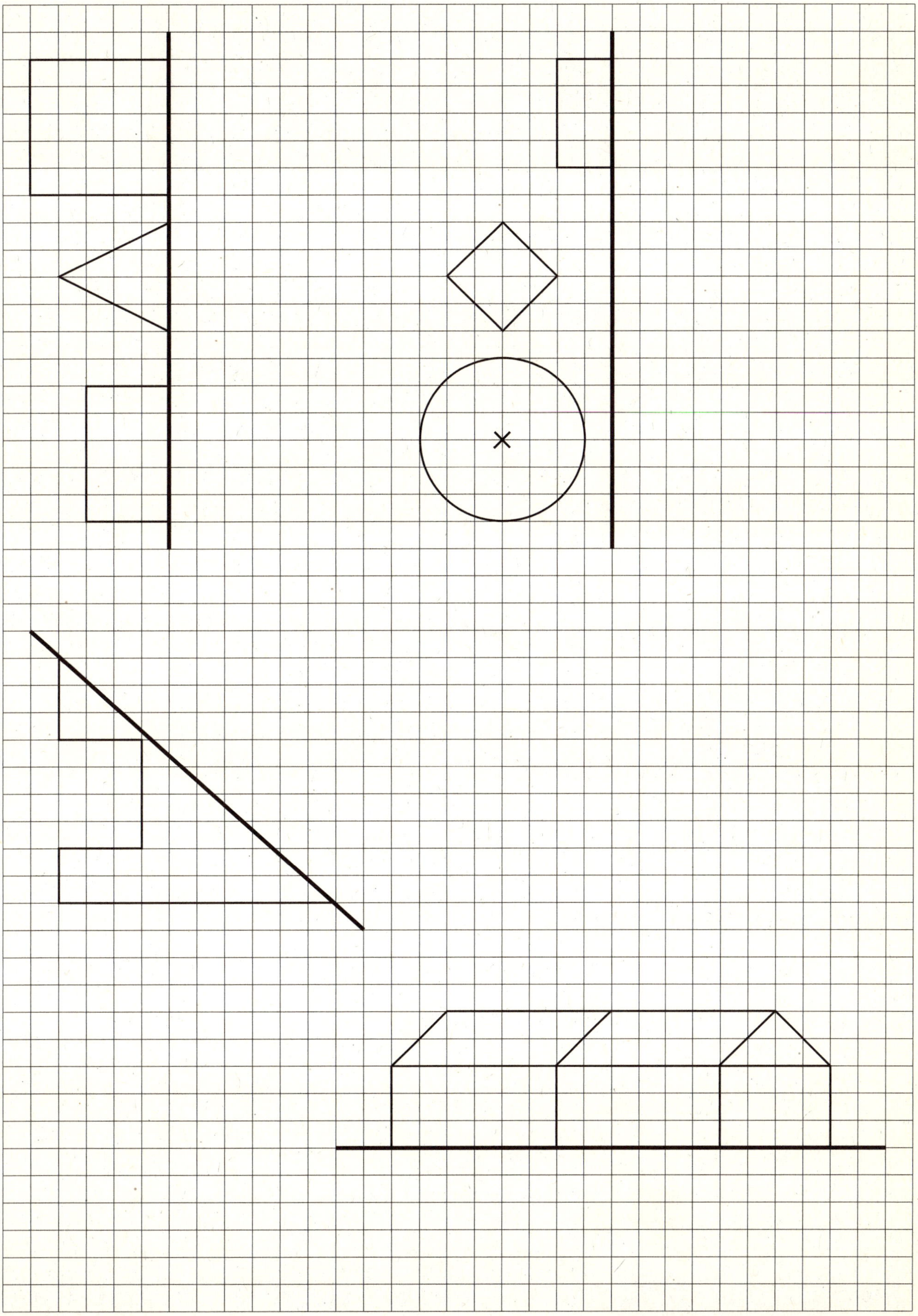

Spiegelbilder zeichnen und ihre Eigenschaften entdecken

Punkte: ________ /4

Spiegelachsen

1. Findest du zu je zwei nebeneinander liegenden Figuren Spiegelachsen? Zeichne.

a)

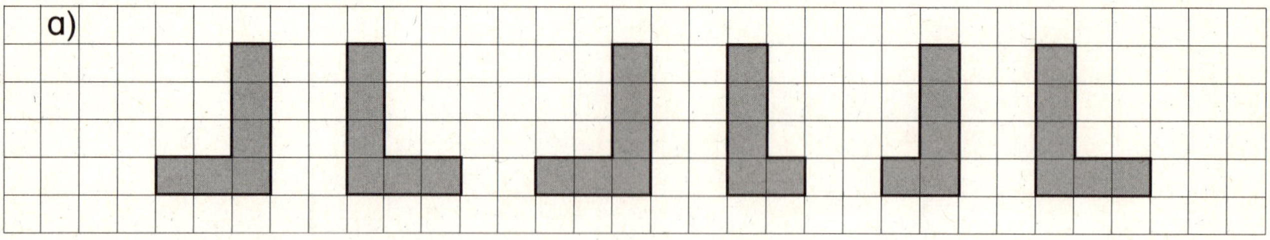

b)

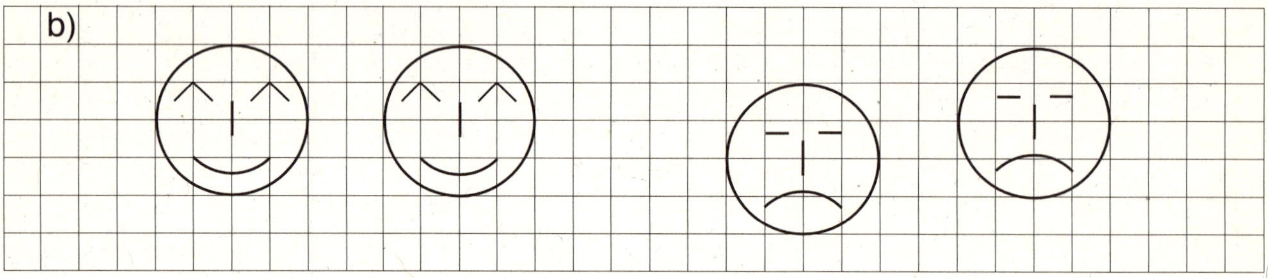

2. Zeichne Spiegelachsen ein.

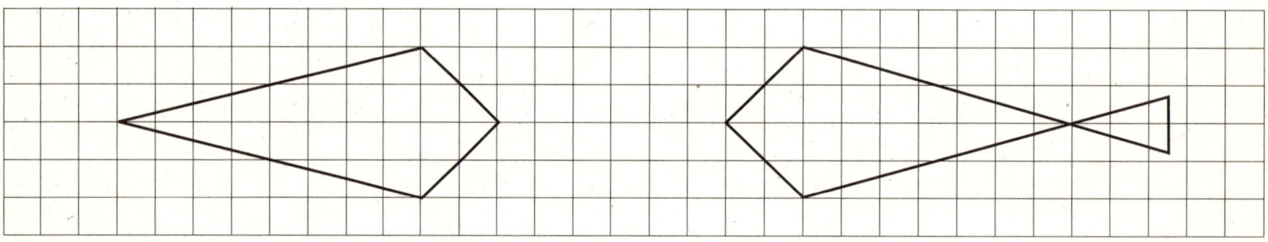

3. Hier kannst du mehrere Spiegelachsen einzeichnen.

a)

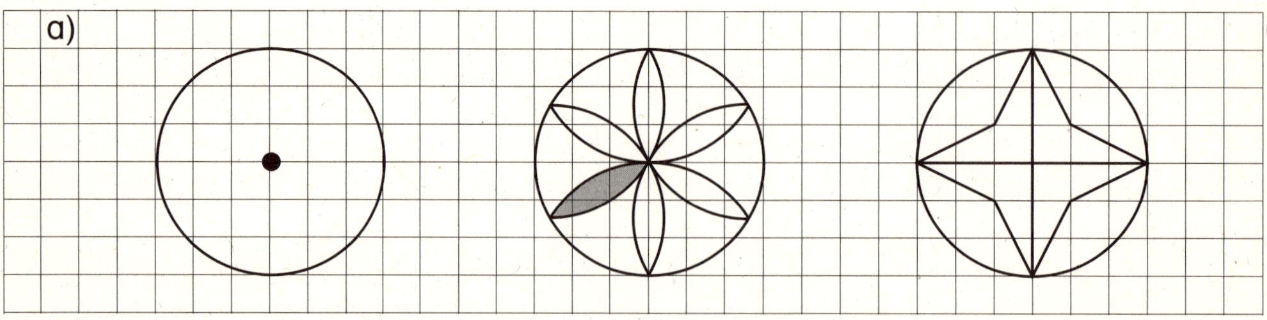

b)

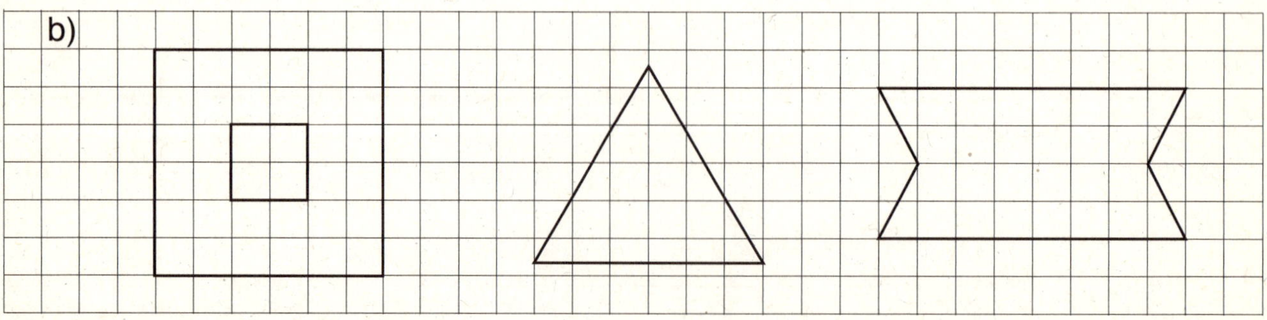

Punkte: ________ /5

Vergrößerung - Verkleinerung

1. Vergrößere die Figur, indem du sie in das große Gitternetz zeichnest.

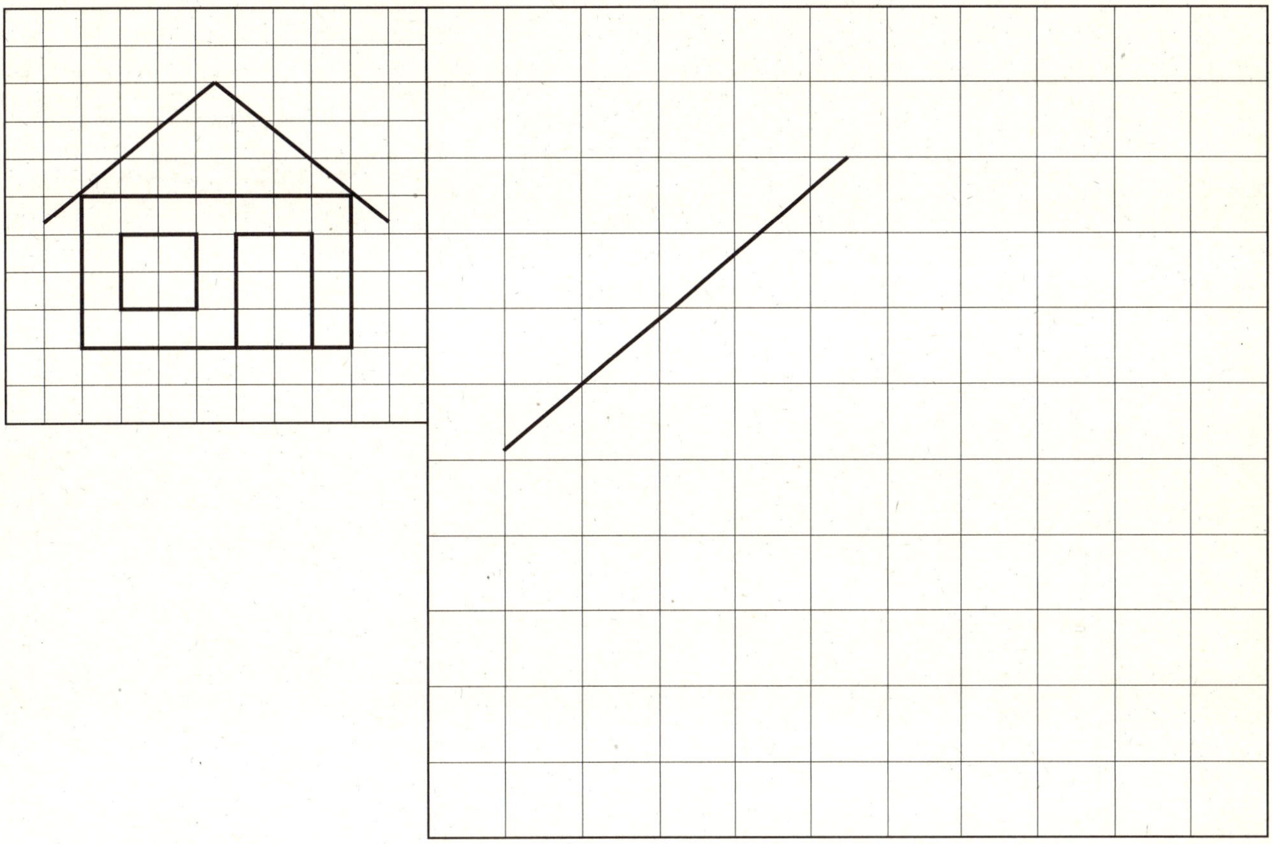

2. Verkleinere die Figuren, indem du sie in das kleine Gitternetz zeichnest.

Punkte:________ /4

Vergrößerung - Verkleinerung

1. Vergrößere das Bild, indem du es kästchenweise in das große Gitternetz zeichnest.

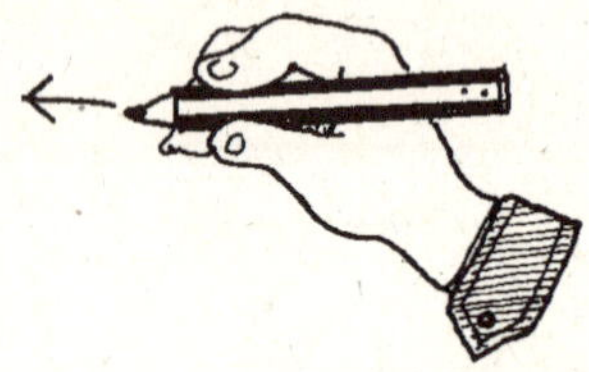

2. Verkleinere das Bild, indem du es kästchenweise in das kleine Gitternetz zeichnest.

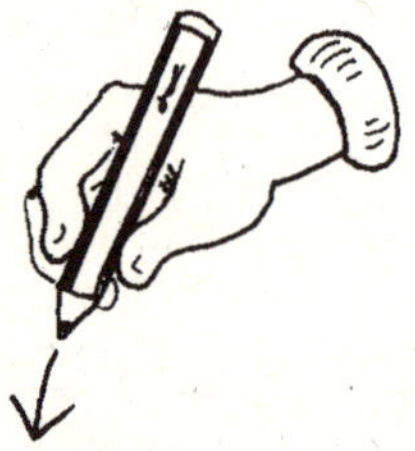

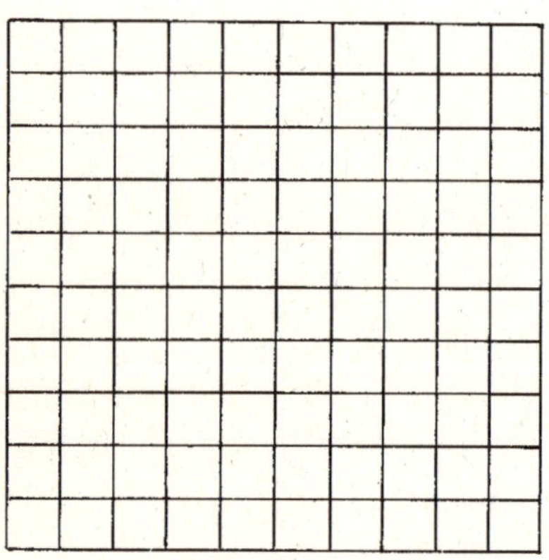

Verschiebung

Auf dem Bildschirm eines Computers kannst du Bilder, Wörter und Texte verschieben.

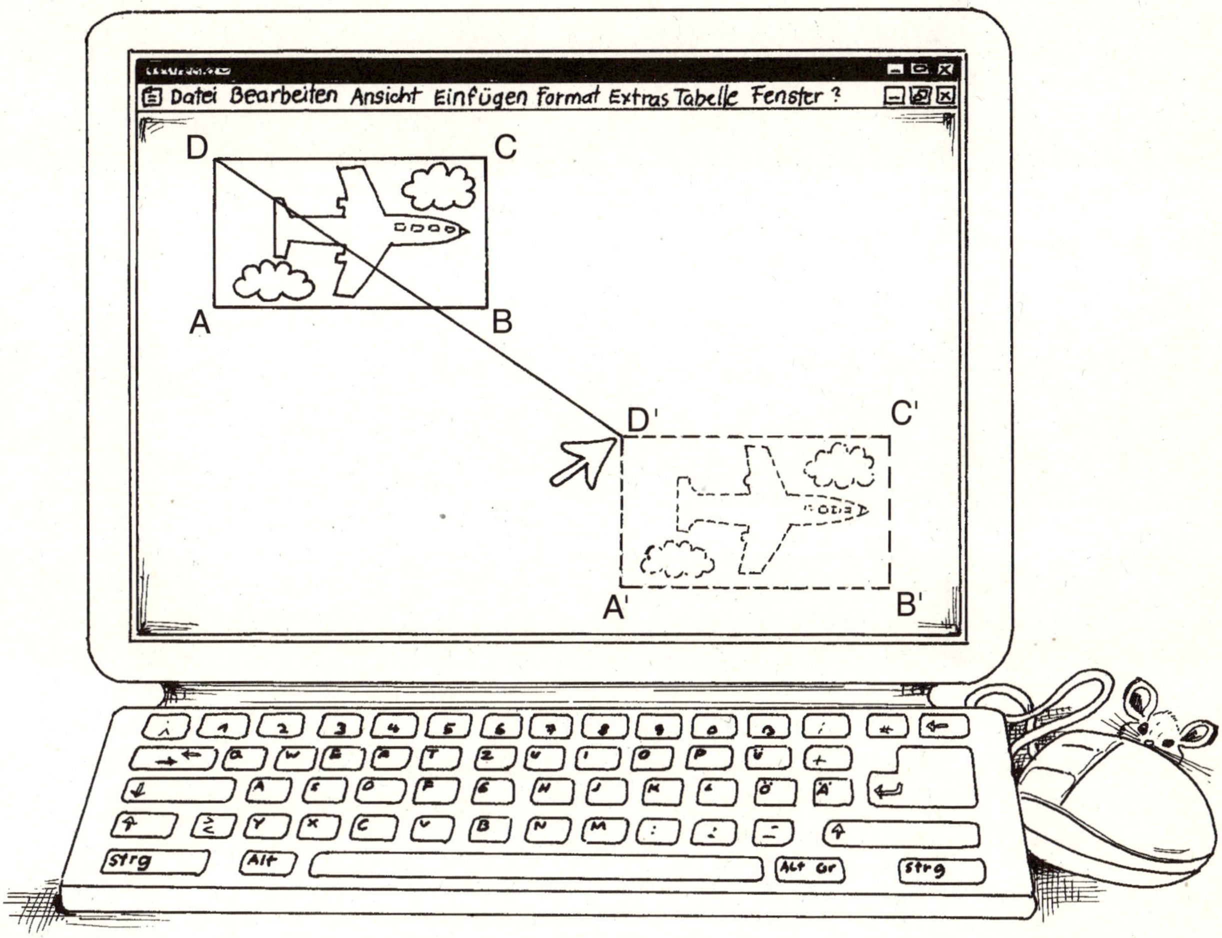

a) Trage die Verbindungen von A nach A', von B nach B' und von C nach C' ein.

b) Vergleiche die Lage der Strecken zueinander.

$\overline{AA'}$ ist zu $\overline{BB'}$ ______________ .

$\overline{BB'}$ ist zu $\overline{CC'}$ ______________ .

$\overline{CC'}$ ist zu $\overline{DD'}$ ______________ .

$\overline{DD'}$ ist zu ______________ .

$\overline{AB}$ ist zu $\overline{A'B'}$ ______________ .

$\overline{BC}$ ist zu $\overline{B'C'}$ ______________ .

$\overline{CD}$ ist zu ______________ .

$\overline{DA}$ ist zu ______________ .

c) Vergleiche die Längen der Strecken.

$\overline{AB}$ ist ______________ $\overline{A'B'}$.

$\overline{DA}$ ist ______________ $\overline{D'A'}$.

$\overline{AA'}$ ist ______________ $\overline{BB'}$.

$\overline{DD'}$ ist ______________ .

Verschiebung

1. Die Figuren der linken Seite werden nach rechts verschoben. Ordne zu.

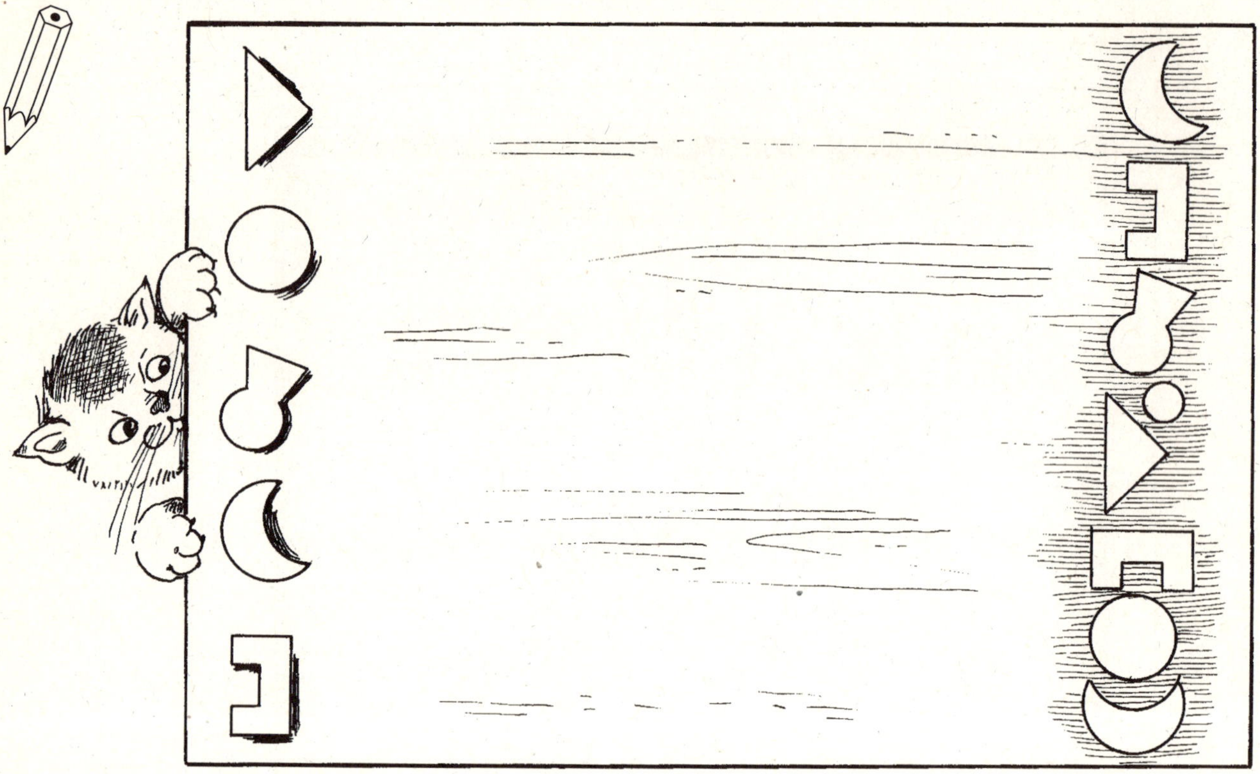

2. a) Verschiebe das Trapez ABCD nach dem Pfeil.
Zeichne das verschobene Trapez A'B'C'D.'

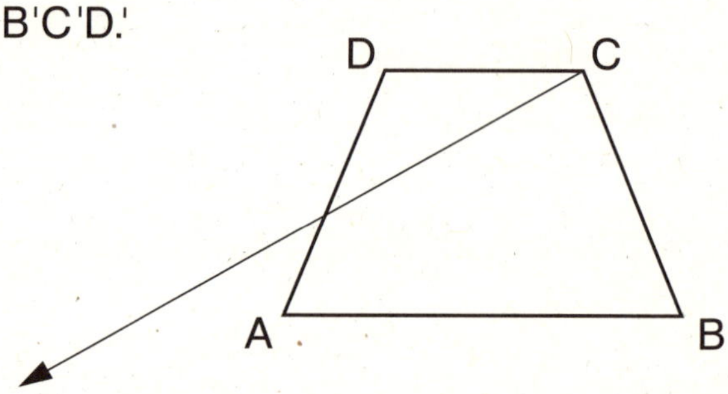

b) Vervollständige.

a) Zum Punkt A gehört nur der Punkt ____ .

b) Zum Punkt B gehört nur der Punkt ____ .

c) Zum Punkt ____ gehört nur der Punkt ____ .

d) Zum Punkt ____ gehört nur der Punkt ____ .

Knobeleien

1. a) Färbe die kleinen Quadrate, Dreiecke und Kreise jeweils gleich.

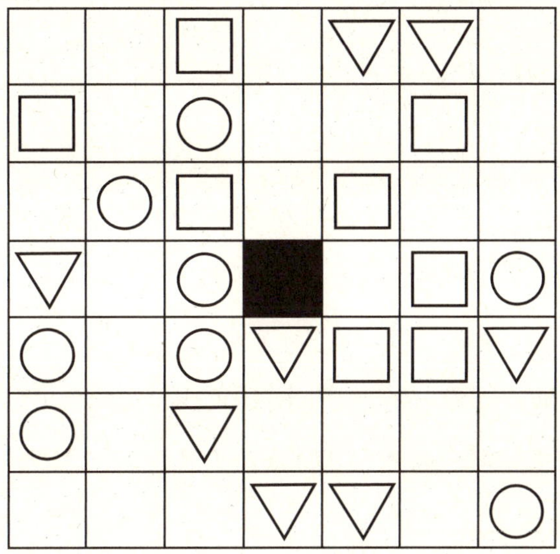

b) Teile das Quadrat in vier Teile so ein, dass jedes Teil zwei kleine Quadrate, zwei Dreiecke und zwei Kreise enthält.

2. Wie viele Trapeze entdeckst du in dieser Figur?

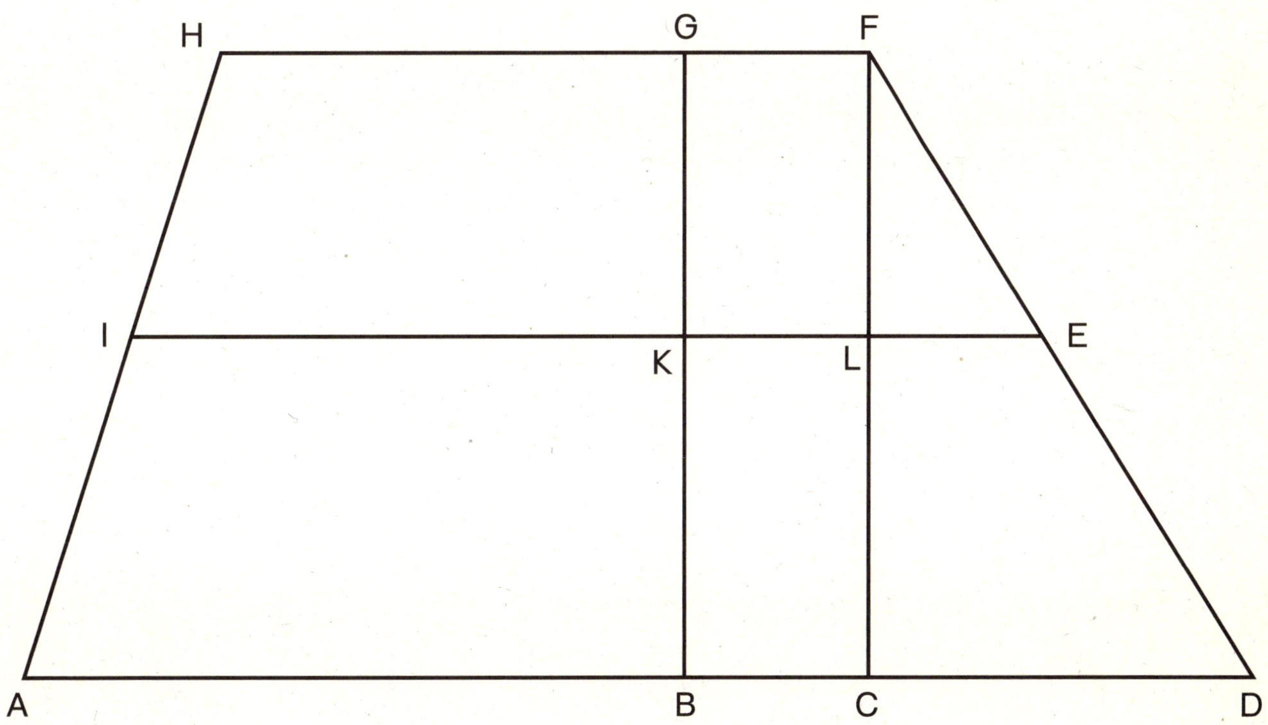

_____ Trapeze

Pentomino-Puzzle

Es gibt 12 verschiedene Möglichkeiten, 5 Quadrate zusammenhängend zu zeichnen.

1. Möglichkeit: 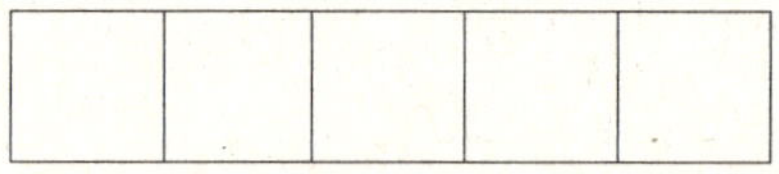

2. Möglichkeit: 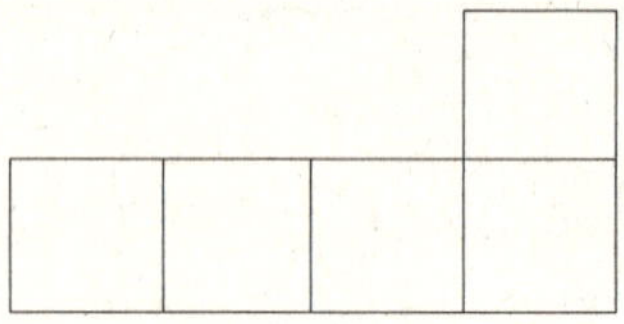

Zeichne alle 12 Möglichkeiten auf Karopapier und schneide die Figuren aus. Lege damit die Tierfiguren auf dieser und auf der nächsten Seite aus.

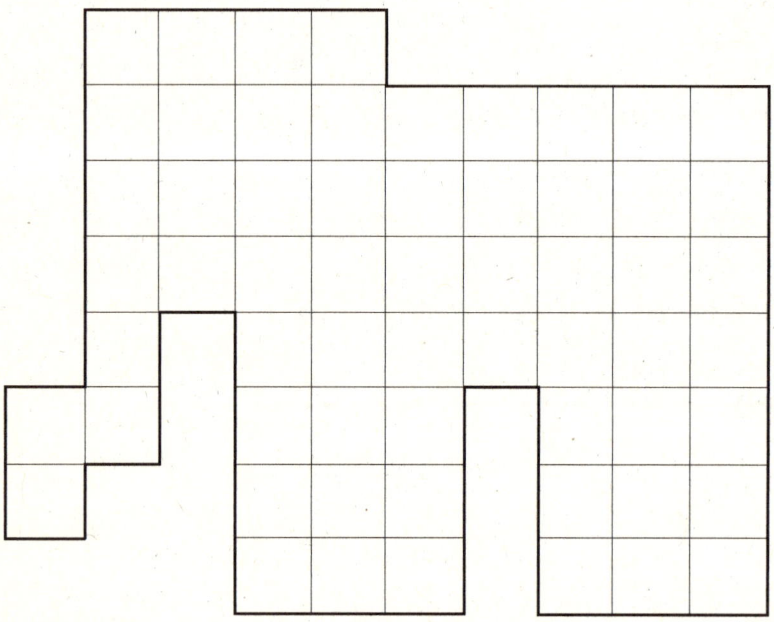

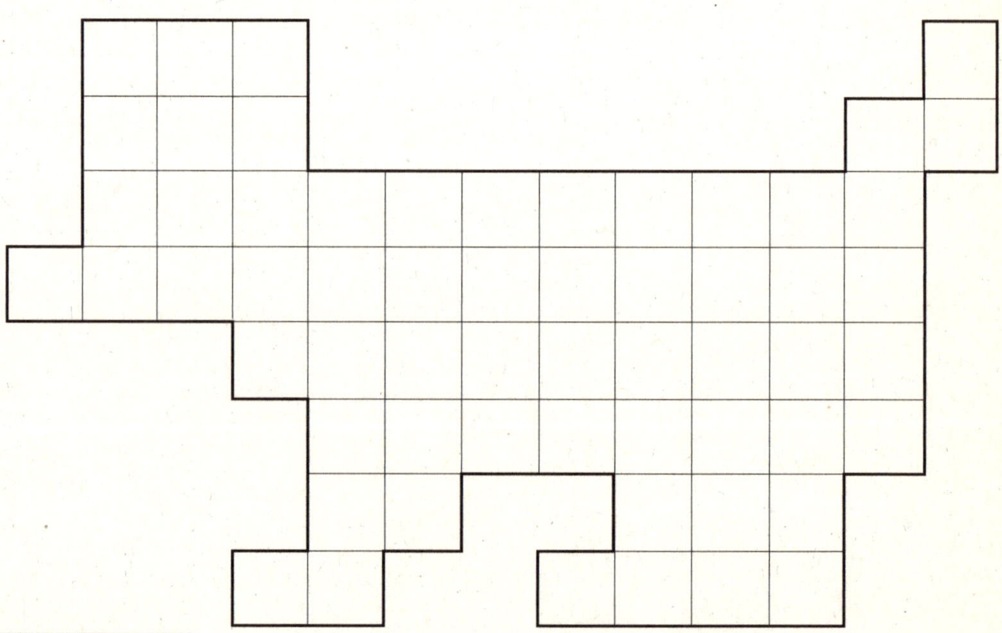

Punkte: ________ /5

Pentomino-Puzzle

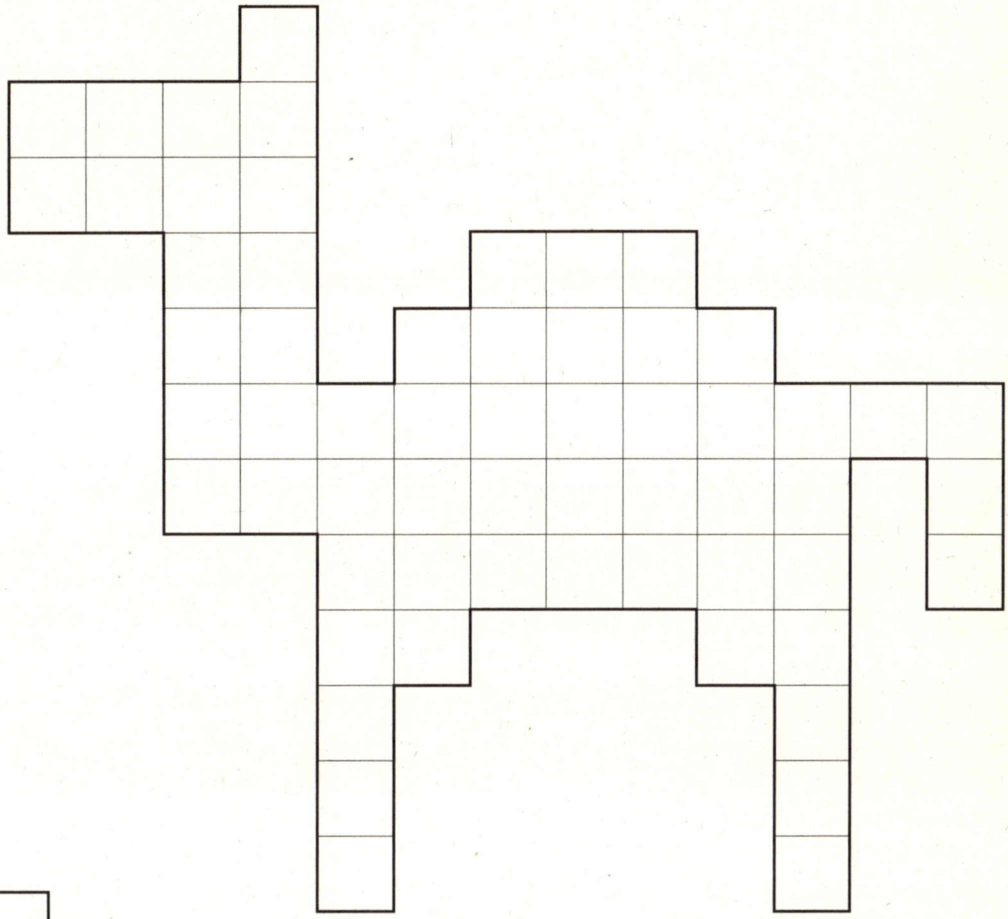

Punkte:________ / 2

Übersicht: Vierecke und ihre Eigenschaften

Viereck	Trapez	Parallelogramm	Rechteck	Quadrat
4 Ecken 4 Seiten	4 Ecken 4 Seiten	4 Ecken 4 Seiten	4 Ecken 4 Seiten	4 Ecken 4 Seiten
	nur 2 gegenüber-liegende Seiten sind parallel	gegenüber-liegende Seiten sind parallel	gegenüber-liegende Seiten sind parallel	gegenüber-liegende Seiten sind parallel
		gegenüber-liegende Seiten sind gleich lang	gegenüber-liegende Seiten sind gleich lang	gegenüber-liegende Seiten sind gleich lang
			4 rechte Winkel	4 rechte Winkel
				alle Seiten sind gleich lang

Lösungen

Seite 6

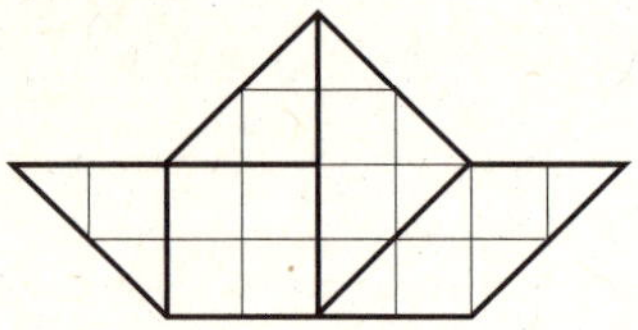
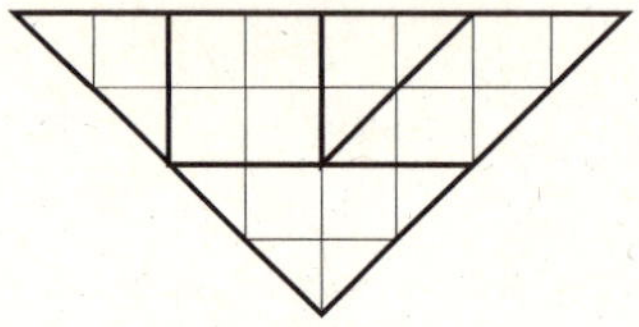
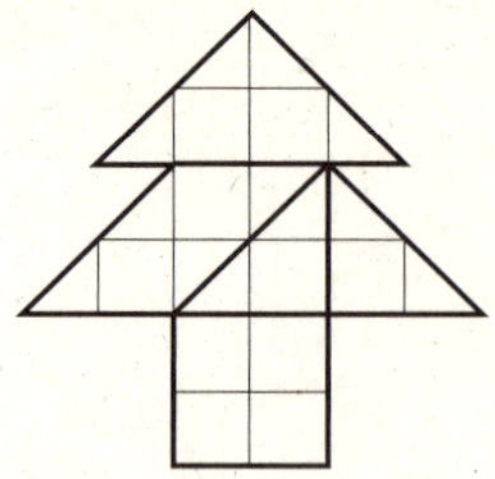
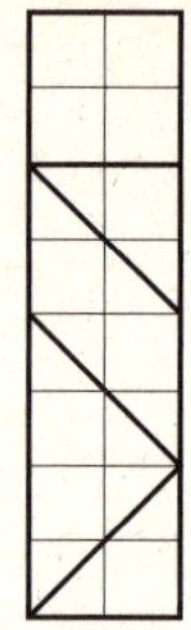

Seite 21

1. a)

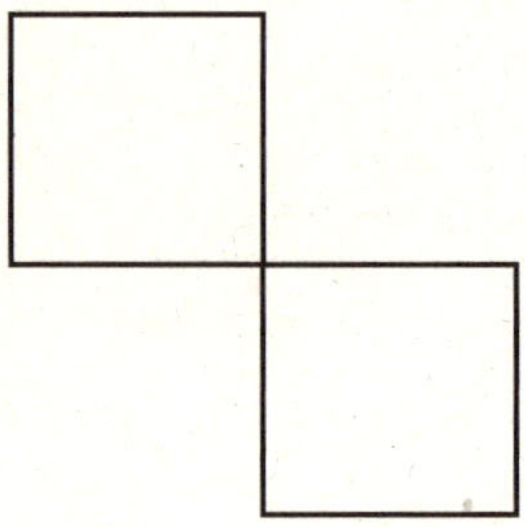

b)

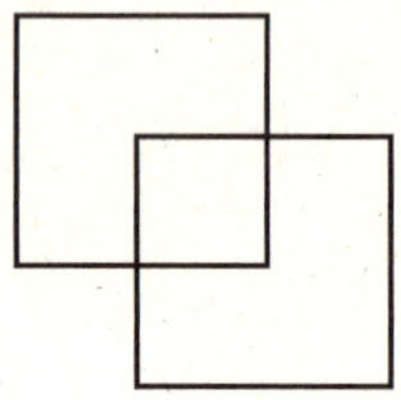

c)

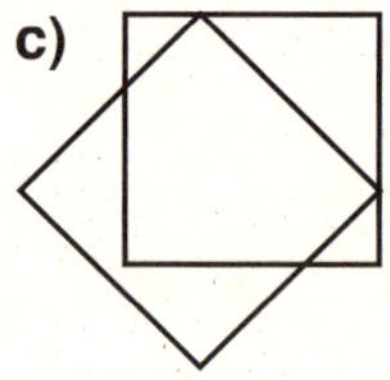

d)

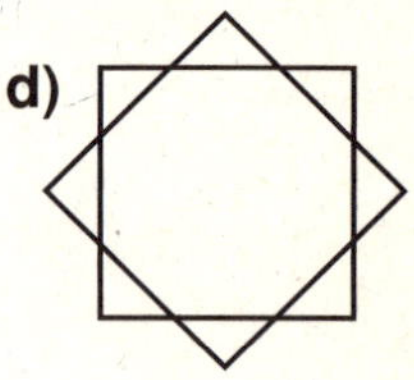

2. a) 6 Quadrate **b)** 16 Dreiecke **c)**

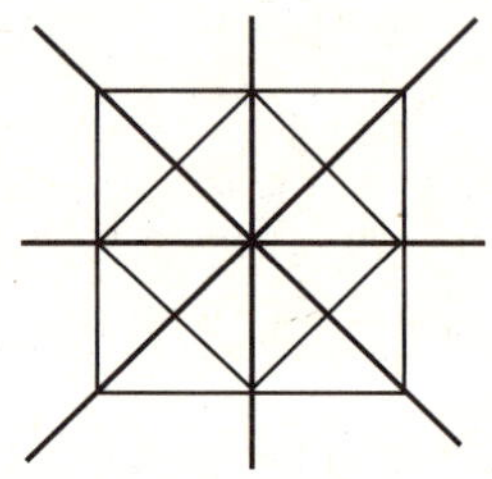

3.

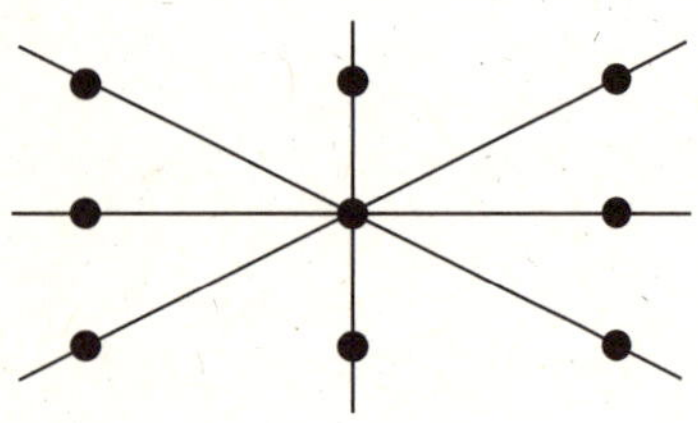

4.

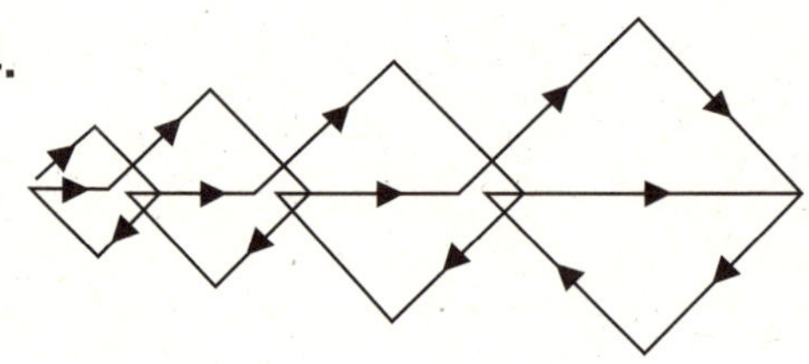

Seite 39

1.

2. 16 Trapeze (auch Rechtecke und Quadrate sind Trapeze!)

Seite 40 und 41

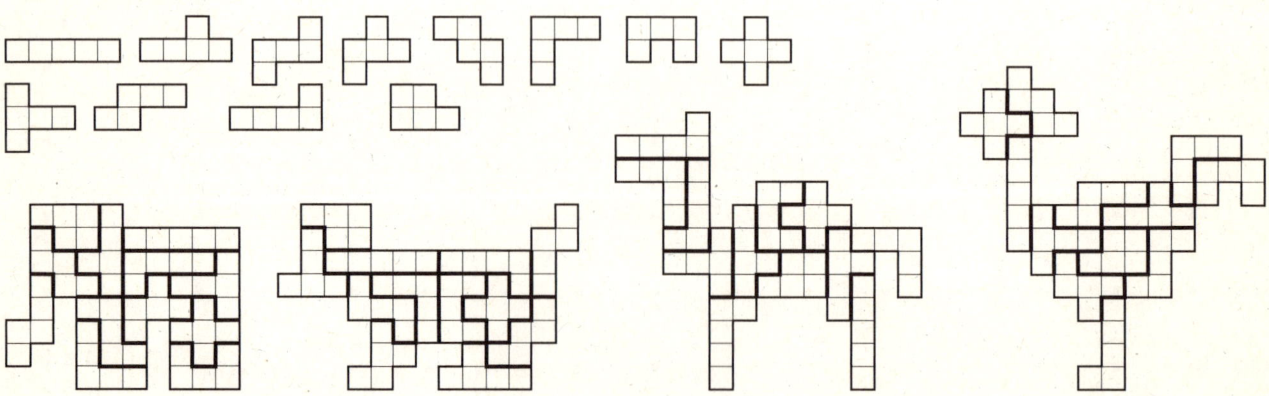

Punkteverteilung für den **Geometriepass 3. Klasse:**

Seite:	Punkte:
1	____ von 3
2	____ von 3
3	____ von 2
4	____ von 4
5	____ von 5
6	____ von 4
7	____ von 2
8	____ von 2
9	____ von 4
10	____ von 3
11	____ von 2
14	____ von 2
15	____ von 2
16	____ von 2
insgesamt:	____ von 40

Punkteverteilung für die **Urkunde für Geo-Profis:**

Seite:	Punkte:
17	____ von 2
18	____ von 4
19	____ von 2
20	____ von 2
21	____ von 4
22	____ von 3
23	____ von 2
24	____ von 2
25	____ von 3
26	____ von 2
27	____ von 3
28	____ von 3
29	____ von 4
30	____ von 2
31	____ von 3
32	____ von 2
33	____ von 4
34	____ von 5
35	____ von 4
36	____ von 4
37	____ von 3
38	____ von 4
39	____ von 6
40	____ von 5
41	____ von 2
insgesamt:	____ von 80

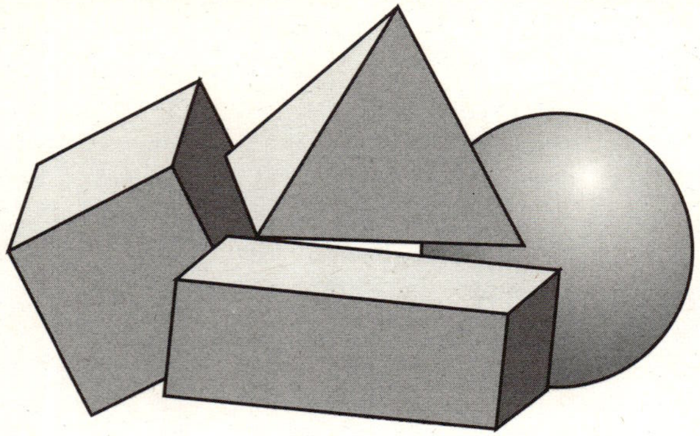

Geometriepass
der 3. Klasse

Name

______ Punkte

Ort, Datum | Lehrerin | Schulstempel

Schroedel

Urkunde
für
Geo-Profi

Name

______ Punkte

Ort, Datum | Lehrerin | Schulstempel

Schroedel